Pirmin Hugger

Die Kunst des Psalmenbetens

Pirmin Hugger

Die Kunst des Psalmenbetens

Vier-Türme-Verlag

1. Auflage 2006
(Bisher erschienen als »Ein Psalmenlied dem Herrn«,
Münsterschwarzacher Kleinschriften, Bände 8–10)

Lektorat: Dr. Richard Reschika, Dr. Matthias E. Gahr
Umschlaggestaltung: Morian & Bayer-Eynck, Coesfeld
Umschlagmotiv: Simon Bottomley/GettyImages
Satz: Vier-Türme GmbH – Benedict Press, Münsterschwarzach
Gesamtherstellung: Friedrich Pustet KG, Regensburg
ISBN-10: 3-87868-795-8, ISBN-13: 978-3-87868-795-5

Inhalt

Zu wahr, um schön zu sein

Die Psalmen können mich ein Leben lang begleiten. Wie Freunde. Sie können mich stützen und tragen. Sie können meinem christlichen Beten Dimensionen zuwachsen lassen, die ich am Anfang meines Betenlernens nicht zu träumen wagte.

Die Psalmen meinen es gut mit mir. Sie lassen mein karges und kleines Gebet weltweit werden. Sie überwinden die Barrieren meiner Ichverliebtheit und lassen mich vor Gott Wirklichkeiten aussagen, von denen ich bislang keine Ahnung hatte (und womöglich auch jetzt noch nicht zu haben wünsche ...). Ich sage mehr. Viel mehr.

Und ich spüre: es muss so sein. Wie könnte ich mein Sprechen mit Gott »Gebet« nennen, wenn da nur ein bisschen Verstand redet? Darf – und muss nicht sogar der ganze Mensch hintreten vor Ihn, so wie er nun einmal ist? Dürfen (und müssen) da nicht auch meine Ängste und Befürchtungen, meine Abneigungen und Aggressionen »zu Wort kommen« – Dinge also, die ich mir in meiner vermeintlich christlichen Bravheit kaum einzugestehen wage? Wie kann ich seelisch gesund bleiben, wenn gerade solche Dinge nicht »ausgedrückt« werden?

Die Psalmen nennen die Dinge beim Namen. Sie sagen mehr von mir und über mich, als ich für möglich halte. Gut, dass sie es gibt! Christliche Gebete sind bisweilen zu schön, um wahr zu sein. Die Psalmen sind oft zu wahr, um schön zu sein.

Wer kann auf Dauer nur von eigenem Vorrat leben? Von Süßigkeiten nur, von Törtchen? Da gibt mir die Mutter Kirche die Psalmen. Schwarzbrot. Ein Brot, das im Glutofen der Jahrtausende gebacken und durch Generationen auf seinen Geschmack hin geprüft und für nahrhaft befunden wurde.

Die Psalmen sind kein träufelnder Balsam. Kein Paradiesgärtlein, darin selig zu wandeln ist. Die Psalmen sind (um einmal eine Definition zu geben) »diese Welt in Form von Gebet«.

Wenn Religion mehr und anderes sein will als Opium, als schmerzstillendes Mittel, wo alle anderen Mittel versagen, dann muss sie es mit der Realität zu tun haben wollen. Ihre Gebete müssen »diese Welt« bleiben: Schön wie die Welt, aber auch hart wie sie – voller Schmerzen. Solche Gebete bleiben im Lot, weil in all ihre Lebensfreude auch die Klage eingelassen wird, in alle Not auch der Lobpreis, in alle Zweifel auch das Wort der Hoffnung: »... und deine Treue in den Nächten«, wie Psalm 92 es sagt.

Diese Gebete bleiben der Welt treu. Wer Psalmen betet, trägt durch sie die ganze Schöpfung mit ihren Höhen und Tiefen und den ganzen Menschen mit all seiner Wonne und all seinen Erbärmlichkeiten vor den heiligen Gott hin. Mag ein Psalm in seiner ungenierten, ungeschminkten, unverblümten Weltlichkeit noch so widerständig, noch so spröde und mir noch so fremd sein – ich werde ihn begreifen, wenn ich die Menschen zu begreifen versuche.

Zum Einstieg

Zum Einstieg in solches Psalmenbeten haben wir eine Auswahl aus der Fülle des Psalters getroffen. Es sind solche Texte, mit denen wir fürs Erste »umgehen« können, ohne allzu große Mühe mit ihnen zu haben. Wenn wir sie so, in täglichem

Umgang vielleicht, Vers um Vers uns zu Eigen machen, dann wird sich auch der ganze Psalter, wie er in der Bibel steht, uns allmählich erschließen.

Psalmen wurden ursprünglich »am Sabbat« gesungen. Sabbat: Zeit haben, sich Zeit nehmen und einen stillen Platz ... Und dann: Die Psalmworte auf die Zunge nehmen, ohne Hast und mit leiser Stimme, dies und jenes bedachtsam wiederholen, mal ein wenig innehalten, bei einem Gedanken verweilen. Einfach so ... Und der Psalm sieht mich auf einmal anders an. Und in mir wird etwas anders. Immer wieder bringt so das Wort Frucht im Menschen. Hundertfache Frucht vielleicht, in einem langen Leben. Wer weiß.

Wie sagt doch Pachomius, der Vater der ägyptischen Mönche? »Es ist möglich, dass ein einziger Psalm genügt, uns zu retten, wenn wir ihn nur recht lesen und auf unser Leben anwenden wollten.«

Gedichte, die mein Herz ergreifen möchten

Von daher gesehen, muss ich auch nicht alle Worte eines Psalms »verstehen«, um wahrhaft beten zu können. Die Psalmen sind, da zur lyrischen Dichtung gehörend, mehr und anderes als informelle Texte. Gedichte dienen nicht der Wissensvermittlung, sondern der Herzenserhebung. Lyrik will den ganzen Menschen ansprechen und »ergreifen«. Ein Liebeslied etwa lässt, wie auch immer seine konkreten Worte lauten mögen, beim Geliebten weilen – und nur darauf kommt es ihm an. Der Psalm lässt mich bei Gott verweilen und doch zugleich beim Weinen und Jauchzen der Menschen, ob ich den Text in seinem Wortsinn nun exakt begriffen habe oder nicht. Information und Informiertsein – hohe Werte unserer Zeit! – sind nicht das Wichtigste. »Singen und Spielen« – dies rettet uns.

Wahre Weisheit weiß, dass sie nicht alles rundum und nicht alles sofort wissen kann und zu wissen braucht. Vielleicht gehen Jahrzehnte dahin, bis dieser und jener Psalmvers mich ergreift – und ich ihn begreife. Ein nie da gewesener Schmerz ... und ich weiß, was der Psalm meint, an dem ich lange und achtlos vorübergegangen war. Plötzlich ist er mein Freund geworden ...

Menschenworte sind ja immer mehr als nur technische »Bezeichnungen«. Sie meinen mehr, als sie für den Augenblick sagen wollen und oft auch sagen können. Sie wachsen mit den Jahren und Jahrtausenden. Sie tragen die ganze Geschichte in sich. So können auch wir es jetzt und immer tun wie die Urkirche: Sie betete die Psalmen unter dem Eindruck jener Erfahrung, die »Jesus Christus« heißt; sie las diese Texte eben nicht mehr nur so, wie sie der Dichter des Alten Bundes vor langer Zeit gedacht und gemeint hatte. Lesen nicht auch wir mehr und anderes in alten Briefen, wenn wir sie nach langer Zeit wieder einmal hervorholen? Wer mag uns die Gedanken verwehren, die aufstehen aus dem »Inzwischen-Erlebten«?

Beten für andere

Gott hält die Realität aus. Die Psalmen tun es auch. Wenn ich Psalmen bete, sage ich »Ja« zu dieser Wirklichkeit. Und ich verlasse dabei meine eigene, kleine Welt. Ich gehe betend und betrachtend ein ins größere Ganze. Mehr noch: Ich stelle mein Ich einem Dienst zur Verfügung, den die Menschen so nötig haben wie die Sonne und die Luft. Denn in den Psalmen kommen, durch mein Beten, auch jene »zu Wort«, die stumm sind vor Gott. Wie oft sind die Worte eines Psalms wirklich nicht die meinen oder die mir momentan notwendigen! Es sind viel öfter die Worte jener Menschen, die unter einem schweren oder auch übermütigen Schicksal die Sprache verloren haben. So will eben ich ihr Leben aussagen vor Gott, ihren Dank, ihren Lobpreis, ihren Schmerz, ihr »Warum« und ihr »Wie lange noch« ...

Und eben darin vollzieht sich zutiefst Christliches: Stellvertretung, Fürbitte. Für jemanden beten, das kann mit eigenen, aber auch mit den Worten des anderen geschehen. »Für« heißt ja nicht nur »im Interesse eines anderen«, sondern auch »an seiner statt«, was ganz konkret dann bedeutet: »Ich bete sein Gebet.« Und aus diesem Gebet lebt er, ob er es weiß oder nicht.

Jeder lebt aus dem Leben und Dasein eines anderen, wie auch die Organe des Leibes miteinander und voneinander her existieren und funktionieren, ohne dass sie darum wissen müssen. Um wie viel mehr noch sind wir »in Christus alle eins«, vor allem auch in solch füreinander eintretendem Beten.

Wie leicht sagt sich die Fürbitte »Schenke den Kranken Mut und Vertrauen« dahin – im Gegensatz zu einem gebeteten Psalm 6, durch den ich mich deutlicher noch mit eben diesen Kranken »identifizieren« kann (und muss). Wo ein betender Mensch auf diese Weise sein Ich zurücktreten lässt und Raum einem anderen Ich gibt, da vollzieht sich wahre Katholizität, wahre Universalität und Solidarität[1], die fruchtbar wird, auch ohne dass sie sich eines besonderen öffentlichen Aufsehens erfreut.

Drei Wege des Psalmengebets

Drei Wege sind es traditionell, die vom vorgegebenen Text ausgehen und die ihr Ziel finden in der persönlichen Aneignung und Durchdringung. Drei Wege, die den Sinn der Psalmen abschreiten und ihn so fruchtbar machen:

Der Wortsinn

Ich ergreife das Psalmwort in seiner buchstäblichen oder übertragenen Bedeutung und lasse mich von ihm »ergreifen«. Das Wort des unbekannten Beters vor Jahrtausenden soll und darf mein Gebet sein. Der Buchstabe aber wird mich nicht einengen und beschränken; vielmehr wird er dienend zurücktreten, um nur noch »Initialzündung«, spontaner Einfall für ein Erwachen meines inneren Gebets zu sein. Das so in mir angeregte Innere wird nicht ins Grenzenlose zerfließen, sondern, gehalten und bestimmt vom Wortsinn, innerhalb der Gebetsgedanken des Textes verbleiben. Diese Gebetsgedanken rufen mein Echo hervor.

Der Vollsinn

Hier darf ich das angebotene Psalmwort in der Linie der seit dem Alten Bund geschehenen Heils- und Unheilstatsachen meditativ weiterführen – über Christus und die Kirche bis hinein in meine eigenen Lebenserfahrungen. Dazu muss keineswegs sinnbildlich oder gleichnishaft verfahren werden, denn die Geschichte selbst gibt dem Wort je neue Formen. Ja, auch mein Leben wird, in der Jugend, im Alter, an Sonnentagen und im Leid diese Worte immer wieder ein Stückchen anders hören und meditieren, anschauen und »erfüllen«.

Der Spielsinn

Ich löse das Psalmwort aus seiner geschichtlichen und literarischen Einbettung und schaffe mit ihm ein neues. Das Wort darf nun eingehen in die Welt der spielenden Fantasie. Auch hier ist, wie eine Oase inmitten einer Welt zweckhaften Vernunftdenkens, Gebet noch gegeben – denn Gebet ist nicht nur »Arbeit« und mühevolle Konzentration, es ist auch Spiel: ernstes, behutsames, schönes Spiel (nicht Spielerei!), das seine Heimat in der göttlichen Weisheit besitzt. Wenn die greifbaren Elemente und Figuren seiner Schöpfung dem Spiel des Menschen dienen dürfen (vgl. Ps 104,26), warum nicht auch die Worte und Bilder des Psalters? Töne und Harmonien sind der Kreativität des Menschen bereitgestellt, um durch ihn zu Musik zu werden. Und so auch Texte, das heißt »Gewebe«, die ich neu verweben und spielend zu den meinen machen darf.

Beten im Wortsinn

Ein nicht geringer Teil des Psalters kann auch heute noch durchaus so verstanden und gebetet werden, wie ihn sich der Verfasser »gedacht« hat. Ich kann und darf seine Gedanken übernehmen und sie vor den Vater Jesu Christi in ihrem ursprünglichen Wortsinn hintragen. Hier kann ich mich voll aus-sagen. Auch unsere Welt ist wörtlich-wahr dargestellt, wenn es in den Psalmen zum Beispiel heißt:

Bin ich auch arm und elend,
mein Herr wird für mich sorgen.

Meine Hilfe und mein Befreier bist du.
Mein Gott, o säume nicht!
(Ps 40,18)

Denk nicht an meine Jugendsünden
und meine Vergehen,
gedenke meiner, Herr, in deiner Gnade,
denn du bist gütig.
Gut und gerecht ist der Herr:
Auf den Weg weist er die Sünder.
(Ps 25,7f)

Er liebt Gerechtigkeit und Recht,
voll der Huld des Herrn
ist die Erde.
Die ganze Welt fürchte den Herrn,
vor ihm sollen erbeben alle Bewohner der Erde.
(Ps 33,5–8)

Dass sich auch die Kirchenväter um das wörtliche Verstehen und Beten bemüht haben, möge die Exegese zu Psalm 1,6 aus dem Psalmenkommentar des hl. Augustinus erhellen, der die Deutung des zweiten Halbverses aus der Antithese des Vordersatzes erstellt: »›Der Weg der Bösen geht zugrunde‹ steht für die Ausdrucksweise: Den Weg der Gottlosen kennt der Herr nicht. Sie machen jedoch deutlich, dass vom Herrn nicht gekannt sein dasselbe wie zugrunde gehen, und vom Herrn gekannt sein dasselbe wie bleiben ist. Das Wissen Gottes bezieht sich demnach auf das, was ist, das Nichtwissen Gottes auf das, was nicht ist.«

Dieses wörtliche Beten gilt auch dort, wo der Psalmist Bilder und Metaphern gebraucht, denn auch eine »übertragene«

Bedeutung verbleibt noch im Rahmen des Wortsinns. Die Bildworte sprechen auch uns Heutige noch vielfach direkt an und bedürfen nur selten einer Erklärung. Ist es nicht gerade die Spannung zwischen Gemeintem und Gesagtem, die den betenden Verstand anregt und belebt, und würde nicht der Psalter schal und langweilig, wenn man seine Metaphern ins Konkret-Verständliche übersetzen würde? Folgende Psalmzeilen bedürfen wohl keiner Erläuterung:

> *Herr, du mein Fels, meine Burg und mein Retter,*
> *mein Gott, mein Felsen, bei dem ich mich berge,*
> *mein Schild, mein machtvolles Heil, meine Zuflucht.*
> (Ps 18,3)

> *Glatt wie Butter ist die Rede seines Mundes,*
> *aber sein Herz denkt an Angriff,*
> *linder als Öl sind seine Worte,*
> *und sind doch gezückte Dolche.*
> (Ps 55,22)

Bisweilen kann eine Aussage auch im wörtlichen und übertragenen Sinn verstanden werden:

> *Sie teilen unter sich meine Kleider*
> *und werfen das Los um mein Gewand.*
> (Ps 22,19)

Die Metapher meint: »Alles haben sie mir genommen. Nun auch das noch, was ich auf dem Leibe trage.« Eine grenzenlose Bosheit spricht dieser Satz aus. Das wörtliche Verständnis kann darin aber auch ein Gewohnheitsrecht sehen, das Henkersknechten zugestanden wurde (vgl. Joh 19,23f). Diese

Deutung indes verlässt dann den Sinnzusammenhang der Gesamtaussage des 22. Psalms.

Neben solchen Worten und Sätzen, deren Sinn unmittelbar einleuchtet, gibt es aber auch biblisch-altorientalische Begriffe und Vorstellungen, die eines näheren Studiums bedürfen. Wie auch immer man Psalmen betet, das Heranziehen eines Bibelkommentars und das aufmerksame Bemühen um den Buchstabensinn dienen nicht nur dem verstehenden Verstand, sondern auch dem mit Gott sprechenden Herzen. Denn Fülle und Deutlichkeit gewinnt mein christliches Psalmenbeten, wenn es den Bedeutungsgehalten nachgeht: der Sinn etwa der Worte Friede, Huld, Seele, Unschuld, Meer, Brot und so weiter ist in der biblischen Sprache umfassender als in der deutschen Sprache. Wer sich also dergestalt um das Wort bemüht, wird nicht allzu rasch (und vielleicht auch ehrfurchtslos) dessen ursprünglichen und inspirierten Sinn verlassen.

Dieser Wortsinn behält auch da noch seine Kraft und seinen Auftrag, wo er mir nur noch als Motor meines Betens dient. Als Atmosphäre – wie ein Kirchenraum Atmosphäre besitzt –, in der meine oft nur schwer zu artikulierenden Gedanken und Gebetsmeinungen ihren Ausdruck zu erhalten vermögen. Denn jedes poetische Wort will mehr als nur sachliche Darstellung sein. Es will, mit Form und Inhalt, Schlummerndes im Menschen anrufen, aufwecken und ins Leben setzen, will, als »beschwörender Text«, Führer zum Eigenen und Eigentlichen hin sein.

»Schaut man genauer hin, so entdeckt man, dass es bei einem Gedicht in mancher Beziehung nicht so sehr um ein Mitteilen als vielmehr um ein Erwecken und Hervorrufen geht. Eignet doch der Dichtung die Zauberkraft und Macht, in uns zu wecken, zu befreien und zu aktualisieren, was, zumindest virtuell und anlagemäßig, verborgen vielleicht und unbewusst, bereits in uns vorhanden ist ... Die Psalmen, wiederum insofern sie Gedichte sind und als Gedichte genommen werden, helfen uns dazu kraft der ihnen eigenen poetischen Evokationsmacht. Sie wecken das, was in uns vorhanden ist: unsere Sehnsucht und unsere Trauer, unser Glauben, Hoffen und Lieben. Das heißt: unser christliches Sehnen, Trauern, Glauben, Hoffen und Lieben. Damit dienen die alttestamentlichen Psalmen der Selbstverwirklichung des Christen: die an sich vor- und unterchristlichen Texte werden von selbst christliches Gebet.«[2]

Beten im Vollsinn

Neben dem exakt-wörtlichen und dem bildhaften, übertragenen Sinn besitzt das Wort auch noch Bedeutungsinhalte, die ihm in je neuer Situation, im je anderen literarischen und existenziellen Kontext zufließen. Es erhält eine neue Sinnhaltigkeit dort, wo ein je anderer Mensch es in seinen (durch so vieles geformten) Verstehenshorizont aufnimmt und es aus seiner Individualität heraus nachspricht.

»Kein Mensch schaut ein Gemälde, hört eine Musik, vernimmt ein Gedicht in derselben Weise. Ja noch mehr: derselbe Mensch vernimmt dasselbe Gedicht nie zweimal in derselben Weise. ›Mit der Zeit steht in einem Buch das Zehnfache von dem, was es wirklich gedruckt enthält; ich lese meine eigenen Erinnerungen und Gedanken immer wieder mit.‹ (R. M. Rilke) Das ist der Grund: Wir lesen und legen unsere eigenen Erfahrungen, Vorstellungen, Affekte, mit einem Wort uns selber, wie wir gerade sind, in das Gelesene oder Gehörte hinein ... Der konkrete, jeweilige Sinn eines Gedichtes ist demnach zusammengesetzt aus der den Worten an sich

innewohnenden Bedeutung und den persönlichen Assoziationen, die, hierin den musikalischen Ober- und Untertönen ähnlich, von den Worten geweckt werden, um sich mit ihnen zu etwas je Neuem und, ideale Aufnahmeverhältnisse vorausgesetzt, sogar je Größerem und Reicherem zu verbinden. Das besagt zweierlei: einmal, dass die Aufnahme und das Verständnis eines Gedichtes immer subjektiv getönt ist, und zweitens, dass das Gedicht vom Leser spontan aufgefüllt wird. Mit andern Worten: Es gibt einen dichterischen Vollsinn und mit ihm die Möglichkeit einer ganz persönlichen und je neuen Aktualisierung poetischer Texte.«[3]
In dieser Weise kommen zum Psalmwort nicht nur subjektive Empfindungen dazu, sondern auch objektive Fakten, die dem Neuen Testament wie auch meinem eigenen Leben und Erleben entstammen. Das Wort in seinem Vollsinn beten heißt, die Linien der Geschichte auf das geschriebene Wort hin laufen zu lassen und den Umfang des Wortes so weit zu machen, dass es auch die geschichtlichen Fakten zu umgreifen vermag. Hier wird es das, was es letztlich ist und in jedem Beter neu werden will: Gottes allumspannendes Wort – und nicht nur das eines Menschen und nicht nur die kleine Aussage eines Lebens.[4]

So dürfen wir, in der Tradition der Betenden Kirche stehend, den konkreten »Sitz im Leben« eines Psalms um das ergänzen, was »seither« eben auch geschehen ist. Die Inthronisation des israelitischen Königs (im Buchstabensinn von Psalm 2) wird in solchem Beten nicht »aufgehoben«, sondern ergänzt und »erfüllt« durch die eben auch geschehene Inthronisation des Christus. Es ist nicht Allegorese, nicht Auslegung des verborgenen Wortsinns, sondern heilstheologisch-realistische Schau, wenn Augustinus in seinem Psalmenkommentar zu Psalm 2,3 und 2,7 sagt:

»›Wir wollen ihre Fesseln sprengen und ihr Joch weit von uns werfen.‹ Obwohl diese Worte auch anders verstanden werden können, nehmen wir sie am besten doch so, dass wir sie von denen gesprochen denken, von welchen der Psalmist sagte, dass sie Nichtiges gesonnen hätten. Sie haben somit den Sinn: Wir wollen bestrebt sein, dass uns die christliche Religion nicht bindet und uns nicht ihr Joch auferlegt wird.

›Es sprach der Herr zu mir: Du bist mein Sohn, ich habe heute dich gezeugt.‹

Mit diesem ›heute‹ könnte zwar prophetisch auf jenen Tag hingewiesen sein, an dem Jesus Christus seiner Menschheit nach geboren ist. Weil jedoch ›heute‹ die Gegenwart bezeichnet und es in der Ewigkeit weder eine Vergangenheit gibt, als habe etwas aufgehört, noch eine Zukunft, als sei etwas noch nicht, sondern nur Gegenwart, weil alles, was ewig ist, eben immer ist, darum fassen wir den Satz: ›Ich habe heute dich gezeugt‹ in demselben Sinn von Gott gesprochen auf, in welchem der lautere katholische Glaube die ewige Zeugung der Kraft und Weisheit Gottes verkündet, die der eingeborene Sohn ist.«

In ähnlicher Weise werden die Sinnlinien des Wortes dort ausgezogen, wo ein und derselbe Psalmtext in ganz verschiedenen Offizien des Breviers, des Stundengebetbuches der katholischen Kirche, »zur Sprache kommt«. Als Beispiel gelte Psalm 130:

Aus der Tiefe rufe ich, Herr, zu dir,
höre, o Herr, meine Stimme,
lass deine Ohren achten auf mein lautes Flehen!
Wolltest du, Herr, unsere Sünden beachten,
Herr, wer könnte bestehn?

Doch bei dir ist Vergebung,
dass man in Ehrfurcht dir diene.

Ich hoffe auf den Herrn,
es hofft meine Seele,
ich harre auf sein Wort.
Mehr als den Morgen die Wächter
ersehnt meine Seele den Herrn.
Mehr als den Morgen die Wächter
erwarte Israel den Herrn.
Denn beim Herrn ist die Liebe,
bei ihm ist Erlösung in Fülle.
Ja, er wird Israel erlösen
von all seinen Sünden!
(Ps 130,1–8)

Dieser Psalm findet sich im »Deutschen Monastischen Brevier« in folgenden Offizien: Adventssonntage (Vesper), Gründonnerstag (Mittagshore), Herz-Jesu-Fest (Vesper), Totenoffizium (Mittagshore) sowie in der Mittagshore an allen Donnerstagen. Einzelne Verse treffen jeweils den Kern dieser Offizien, aber auch der übrige Text vermag im Rahmen des jeweiligen Tages- und Festgeheimnisses verstanden zu werden, ohne dass ihm interpretatorisch Gewalt angetan werden müsste: Israel ist die Kirche und sie findet ihre Mysterien in all den Worten wieder, die von der »Tiefe« reden, vom »Flehen«, von »Sünde« und »Vergebung«, von »Hoffen«, »Harren« und »Vertrauen«, von der »Gnade« und der »Erlösung in Fülle« und vom »Morgenrot«, das den Tag der Ewigkeit heraufführt.

Aber auch mein Leben finde ich im Psalter wieder. Nicht auf den ersten Blick, vielleicht aber nach vielen Jahren. Vielleicht werde ich es nur einmal entdecken (und dann nie wieder überlesen), wie Gott mich nach einer schweren Zeit des Suchens und Irrens aufgefangen hat, wie seine Gnade mich vor dem »Tod« (lange vor dem biologischen Sterben) bewahrt hat und mir nun ein »Leben in ihm« und eine Freude schenkt, die ich mir damals nicht träumen konnte. Manch einer mag fromm den österlichen Vers 17 des 118. Psalms beten – aber nur der vermag ihn in seiner ganzen Tiefe auszuloten, der in wirklicher (leiblicher oder seelischer) Todesnot und Todesgefahr gestanden war:

> *Ich sterbe nicht, ich lebe,*
> *die Taten des Herrn zu erzählen.*
> *Hart hat mich der Herr gezüchtigt,*
> *doch mich dem Tod nicht überlassen.*
> (Ps 118,17)

Der Mensch unserer Tage wäre schlichtweg überfordert, wenn man von ihm verlangte, einen oder mehrere Psalmen Wort für Wort in voller geistiger Hinwendung zu beten. Wie die Kirche so genannte Antiphonen, Leitgedanken beziehungsweise Rahmen- oder Kehrverse, über die Psalmen setzt, um dem Ganzen des Textes Farbe und Richtung zu geben und um auch unsere Gedanken auf einen Gedanken zu konzentrieren, so dürfen auch wir ein Wort oder einen Vers aus dem Gesamttext herausnehmen und ihm, während der gemeinschaftlichen Rezitation, nachsinnen. Es wird uns dann immer wieder wie ein alter Freund begrüßen, wenn wir im Verlauf des Psalms an ihm »vorbeikommen«. Dies vor allem auch dann, wenn wir es längere Zeit einmal mit uns herumgetragen haben. Hierfür Psalm 31,16 als Beispiel: »In deiner Hand – meine Zeiten.«[5]

Die Hand Gottes, Sinnbild seiner behütenden und fürsorglichen Güte, und im gleichen Atemzug »meine Zeiten«, die guten und bösen Gezeiten meines Daseins. Beides aber, seine Hand und meine Zeiten, nicht in beziehungslosem Nebeneinander, auch nicht aufgeteilt in ein Hier und Dort, Jetzt und Einst, sondern: Meine Lebenszeit, dieses winzige Kapitel im Buch der Ewigkeit, ruht aufbewahrt wie ein Kostbares und zutiefst Sinnhaltiges in der Schale seiner Hand, allen Stürmen und Anfechtungen zum Trotz. Ruht mit all dem, was der Psalm und mein Leben an Unruhe wie an seliger Erfahrung enthält. Und in diese göttliche Hand darf ich voll Vertrauen alles legen, was mein Ich ausmacht: meinen Geist und mein Herz, meinen Leib und meine Seele, meine Erinnerungen und meine Sorgen, mein Versagen und meine Pläne – alles, was ich bin, alles, was »meine Welt« ist.

So tat es auch Jesus am Kreuz, als sein kurzes und nun zum Scheitern verurteiltes Leben zu Ende ging: »In deine Hände lege ich voll Vertrauen meinen Geist« (Ps 31,6) – mich, ganz und gar. Und: Tue ich das jetzt und immer und immer neu nach allem, was auch geschehen mag, dann werde ich es auch können, wenn meine Stunde da ist. Dann nämlich, wenn meine Zeiten einmünden in Seine Ewigkeit.

Beten im Spielsinn

Die Psalmen sprechen zu uns. Sie wollen uns Worte bereitstellen und einen Raum schaffen, in dem »unser Beten« aufleben kann (Wortsinn). Darüber hinaus wollen sie auch Anstoß und Anleitung zum betrachtenden Gebet sein, in dem »unser Leben« erwacht und zum Gebet wird (Vollsinn). Aber auch einen dritten Dienst leisten sie uns: Wir dürfen zu den Psalmen sprechen. Wir dürfen im Spielsinn auch kreativ (nicht nur rezeptiv) psallieren, dürfen im Raum des Psalms eine Schöpfung erstehen lassen, die aus dem hervorgeht, was unser ganzes Sein darstellt. Der »Psalm meines Daseins« spricht zum Psalm der Schrift und beide bereichern und erfüllen einander. Und zwar so: Haben die Psalmworte im Vollsinn eine neue Dimension bekommen – die Dimension Christi, die Dimensionen des je anderen Beters –, so erhalten sie nun im Spielsinn ihre je andere Farbe. Ich gebe dem Psalm das Wort als mein Wort zurück, ein Wort, das nicht mehr nur abstrakte Begrifflichkeit ist, sondern das seine Farbe gewonnen hat aus meinem Leben.

Das ist Allegoria, ist ein Anderssagen im griechisch-lateinischen Sinne des Wortes. Ich rede zum Text. Ich schenke ihm ein »anderes«, ein zweites Wort, ein Wort, das nicht mehr auf seiner Sinnlinie liegt, sondern das aus dem Schatz meines Erlebten und Erlernten hervorquillt; aus dem »freien Einfall« meiner (bei keinem Gebet zu bremsenden) Assoziationen. Hier darf ich endlich wieder »spielen«, spielen vor Gott, wie es die Weisheit tut seit Anbeginn:

> *Ich (die Weisheit),*
> *war seine Freude Tag für Tag*
> *und spielte vor ihm allezeit.*
> *Ich spielte auf seinem Erdenrund,*
> *und meine Freude war es, bei den Menschen zu sein.*
> (Spr 8,30f)

Hier, in solchem Psalmengebet, darf ich das ganze Sein abschreiten und erwandern, darf – im Spiel mit Worten und Bedeutsamkeiten – die Unermesslichkeit Gottes erspüren, die als ein Unendliches die logischen Sinnebenen und Sinngehalte des Psalters überragen. Denn wie ein Kind, so darf auch der Erwachsene alle irdische und theologische Wirklichkeit nicht nur hörend, sondern auch spielend erlernen ... Wobei noch hinzukommt, »dass ein Schrifttext als sakramentales gottmenschliches Kontaktmittel bisweilen lediglich die Gelegenheit und den Rahmen zu einem ganz und gar persönlichen Dialog zwischen Gott und Mensch abgeben kann. Denn es besteht die in gewisser Hinsicht der Evokationsmacht des Poetischen entsprechende Möglichkeit, dass Gott anlässlich des Psallierens und mit Hilfe von Psalmworten mir Dinge sagt oder mich ihm Dinge sagen lässt, die an sich nicht im Schrifttext stehen und dem Textzusammenhang vielleicht sogar zuwiderlaufen. So weckten beispielsweise die ›scharfen Pfeile von Kriegerhand‹, mit denen im 120. Psalm, wie der Kontext klar ergibt, Gott die ›bösen Lippen‹ und die ›falschen Zungen‹ vernichtend strafen soll, in Augustinus assoziativ die Vorstellung von Amors Liebespfeilen: ›Die scharfen Pfeile von Kriegerhand sind die Worte Gottes. Abgeschossen, durchbohren sie die Herzen. Wenn aber die Herzen von den Pfeilen des Gotteswortes durchbohrt sind, wird Liebe entzündet, nicht Verderben bereitet.‹«[6]

Hier wird dem Text kein Sinn »unterschoben«. Vielmehr sagt der betende Augustinus zum Wort »Pfeil« einen Sinn aus, der ihm aus der Mythologie zuläuft, dessen Wahrheit aber dem Kontext der ganzen biblischen und christlichen Theologie entstammt. Er und die Väter[7] durften im Spielsinn reden und beten, weil die humane Weite ihres Geistes sich noch nicht einfangen und binden ließ vom traurigen Ernst einer allzu wissenschaftshörigen Buchstabenfrömmigkeit. In solch unbeschwertem Gedankenspiel mit den Psalmen Umgang pflegen heißt, auch der Urkirche treu bleiben, der »ecclesia catholica et apostolica«, der von Christus das Recht verliehen wurde, die alten Texte im Lichte des »Neuen« zu lesen und als Illustration dessen zu betrachten, was auf Grund von Fakten ihre Glaubenswelt geworden war.[8]

So darf auch meine »Welt«, mein Denken und Fühlen, anhand der Psalmen vor Gott hintreten. Hier (endlich einmal) heißt »die Gedanken spielen lassen« vor Gott eben nicht mehr »unandächtig beten«. Assoziationen und Einfälle laufen mir ins Programm, wie es ihnen gefällt, und nur selten lassen sie sich steuern und abdrängen. So lasse ich sie in den Psalm ein und schaffe, dankbar und kreativ, aus einem alten Text ein Neues Lied. Die Gesetze und Abläufe der menschlichen Psyche haben auch eine gottbezogene Funktion und nichts an ihnen ist von vornherein negativ vor Ihm. Auch die »störenden« Gedanken können Andacht sein, wenn man sie an Gott hindenkt. Der Blick der Psalmen selbst geht ja immer wieder aus dem Heiligtum in die Welt hinaus. Ihre Frömmigkeit ist die Welt und ihre Weite überspringt beherzt alle Klausur gottinniger Seelengärtlein.

Die Gedanken spielen lassen, den Worten Farbe geben. Erfahrenes zuströmen lassen, an ihrer Hand das Ganze erwandern. Den Sinnlinien des Textes Parallelen aus dem Ganzen schenken. Kreativ beten ist Freude am Ganzen, Freude aus göttlicher Sicht. Und Spiel, auf das die Kirche nie verzichtet hat.

Aus der griechischen Liturgie fand eine Antiphon, also ein Rahmenvers, zu Psalm 85 Eingang in unser benediktinisches Brevier:

Sei gegrüßt, du Acker, der makellose Frucht trägt!
Sei gegrüßt, du Land der Verheißung!

Der Gruß gilt Maria. Sie ist jenes Ackerland, jenes verheißene Kanaan, das die schönste Frucht unserer »Mutter Erde« hervorgebracht hat. Mutter Maria, Mutter des Heiles und allen Friedens (Ps 85,9f), Land und Acker, den Gottes Tau gesegnet ...

> *Ja, der Herr gibt das Gute,*
> *und unser Land bringt seinen Ertrag hervor.*
> (Ps 85,13)

Gewiss ist im Psalm von Ernte und Erntedank die Rede, nicht von Jesus und Maria. Aber aus seinem Wortsinn heraus ergibt sich ein neuer Sinn, der zeigt, wie in jeder Eucharistie ein Erntedank gefeiert wird ... Hier ist Maria das Land und Jesus von Nazareth dessen Frucht, er, der Spross aus Gottes Treue. (Ps 85,12)

Die Linie zu diesem Sinn hat nichts Gekünsteltes an sich. Sie ist – für uns Christen – logisch. Und die buchstabengetreue Auslegung ist keine herrschsüchtige Dame; lächelnd duldet sie auch Allegoria, die sinnbildliche oder gleichnishafte Darstellung, als Schwester neben sich, das freie, leichte, aus der Liebe geborene Spiel der Gedanken ...

Im Spielsinn also, im Sinnspiel beten: Alle Wirklichkeit strömt zum Text hin und umkreist seine Worte. Das Neue Testament spricht zu ihm und alles gegenwärtige Leben. So im Zeugnis zweier moderner Menschen, die dem ersten Psalm begegnen:

> *Lebendiges, leuchtendes Wort,*
> *Quelle lebendigen Wassers bei Tag und bei Nacht;*
> *Quelle, die murmelt: Komm zum Vater!*
> *Fluss der Freude in der Wüste unseres Herzens.*

Aber der Fluss ist verborgen, tief das lebendige Wasser
und tief in der Erde des Menschen Glück.
Wer nennt uns die Zahl seiner Qualen,
der Schmerzen des Menschen,
der das lebendige Wasser sucht,
während sich ihm die ungeheure Fläche
der bitteren Wasser unter der Sonne bietet?
Glücklich, wer nicht an ihr Trugbild glaubt,
fern dem glühenden Sand findet er Wasser vom Fels.[9]

und ein zweites Beispiel:

Selig der Mensch,
der den Parolen der Partei nicht folgt
und an ihren Versammlungen nicht teilnimmt,
der nicht mit Gangstern an einem Tisch sitzt
noch mit Generälen im Kriegsgericht.
Selig der Mensch,
der seinem Bruder nicht nachspioniert
und seinen Schulkameraden nicht denunziert.
Selig der Mensch,
der nicht liest, was die Börse berichtet,
und nicht zuhört, was der Werbefunk sagt,
der ihren Schlagworten misstraut.

Er wird sein wie ein Baum,
gepflanzt an einer Quelle.[10]

Ist diese Begegnung mit dem Psalm nur Dichtern vorbehalten? Sollte das »alte Wort«, das oft so eingeschliffene, so schnell überlesene, nicht jedem lebendig werden können, der es wie ein Steinchen aufhebt und sinnend betrachtet? Um bei Psalm 1 zu bleiben: Eines seiner Leitworte ist das »Gericht«.

In einer Zeit maßloser Kriegs- und Volksgerichte möchte man im Gebet mit diesem Wort nichts zu tun haben. Der fünfte Vers läuft Gefahr, eingeklammert und herausgelöst zu werden:

> *Darum werden die Frevler im Gericht nicht bestehen,*
> *noch Sünder in der Gemeinde der Gerechten.*
> (Ps 1,5)

Vom Gericht Gottes ist also die Rede. Sind aber dann die »Gerechten« Selbstgerechte? Ein Blick auf die Wortfamilie berichtigt, ohne dass man große Theologie bemühen muss, unser Wortverständnis, dessen Begrenztheit die Ursache dafür ist, dass der Text uns zum Anstoß wird. »Richten« heißt »richtig stellen, etwas ein- und ausrichten; mit dem Richtscheit eine Richtung dem Unrichtigen geben«. Das Gerechte ist das Richtige und der Gerechte ist der von Gott in die richtige Richtung gebrachte Mensch. Wer so sich ein Leben lang von ihm ausrichten lässt, wer sein Leben immer neu eingerichtet hat nach Gottes Richtlinien, der hat kein Gericht mehr zu befürchten.

Ein Wort, neu und assoziativ durchdacht, vermag einem Psalm ein anderes Gesicht zu geben, als er es bisher für uns hatte. Desgleichen ein Leitgedanke, den wir über den Psalm stellen und aus dessen Gesichtswinkel wir ihn neu beten können. Was übrigens schon die Bibel mit ihren Psalmenüberschriften tat und wozu uns auch die neutestamentlichen Antiphonen anregen wollen. Schreiben wir zum Beispiel über den Psalm 12: »Die Macht der Propaganda«[11], so werden uns aus der jüngsten Geschichte Gedanken zufließen, die durchaus mit dem im Psalm Gesagten harmonisieren. Er gewinnt aktuelle Konturen und wird so zu einem Gebet, das unsere

Zeit vor Gott hinträgt. Der Text bleibt derselbe und ist doch eine »neue Kreatur« (2 Kor 5,17) geworden. Mühsam – oder »wie im Spiel«?

Nimm und lies! Nimm und lass dich nicht schrecken von Gebeten, in denen unsere Welt und eine ganze Welt zur Sprache kommen. Weite das Heiligtum deines Betens bis an die Grenzen der Erde und du wirst dort oder auf dem Weg dahin Gott begegnen. Und du wirst erfahren, wie alle deine Gebete reif und wahr werden unter dem Segen der Psalmen.

Die dunklen Stellen

Bei allem Recht zur »Auswahl« gilt es dennoch, Mut aufzubringen zu den dunklen und »hart klingenden Stellen«[12] in den Psalmen, denn alles Dunkle um mich herum und alles Böse in mir kann nur erlöst werden, wenn es nicht eingeklammert und verdrängt, sondern angegangen wird. Einklammern sollte man daher nicht das, was man subjektiv als störend empfindet – wie etwa Psalm 110,6 (ein Vers, der durchaus den Erfahrungen unserer Zeit entspricht, und nicht erst der »Endzeit«) oder Texte, die sich nicht scheuen, das Dunkle als dunkel zu bezeichnen und Gottes Gerichte als gerecht, wie zum Beispiel Offenbarung 15,3f. Das vielberufene »Ethos des Neuen Testaments« hat nichts mit jener »Humanität« zu tun, die stets selbst das Opfer ihrer Standpunktlosigkeit wird. Einklammern sollte man nur Texte, die objektiv der Forderung entgegenstehen: »Segnet eure Verfolger; segnet sie, verflucht sie nicht!« (Röm 12,14; siehe auch 1 Petr 3,9)

Als Christen müssen wir es Gott überlassen, was er in Zeit und Ewigkeit mit jenen Menschen anfängt, die sich bis zuletzt seiner Gnade und seiner Güte widersetzen. Sätze in den Psalmen, die eindeutig (und bisweilen in zügellosem Rachegefühl) den Bösen Böses wünschen, können nicht einmal in allegorischem Verfahren gerade gebogen werden. Sie sind Wunschformen und keine »Prophezeiungen über das Endgericht« (wie Augustinus und die Väter sie auslegten und so betbar machten). Sollen wir weiterschleppen, was nur zu oft in der christlichen Geschichte Zündstoff zu antisemitischen und interkonfessionellen Ausschreitungen, ja Massenmorden werden konnte? Paulus selbst hat diese Sätze gestrichen, wenn er sagt: »Seid allen Menschen gegenüber auf Gutes bedacht ... Haltet mit allen Menschen Frieden! Rächt euch nicht selber, liebe Brüder, sondern lasst Raum für den Zorn (Gottes). Denn in der Schrift steht: Mein ist die Rache; ich werde vergelten, spricht der Herr. Vielmehr: Wenn dein Feind Hunger hat, gib ihm zu essen ... Lass dich nicht vom Bösen besiegen, sondern besiege das Böse durch das Gute!« (Röm 12,17–21)

Der Segen des Psalmengebets

So beten wir, im Sinne des »Mit« und des »Für«, die Lob- und Klagepsalmen. In alter und wieder neu entdeckter Tradition stehend, sind wir uns bewusst, dass Beten ein Vorgang ist, der keineswegs auf den betenden Menschen begrenzt bleibt, sondern weit über seinen Träger hinausgreift. Das Gebet endet nicht an der Haut des Beters – nach Art eines unfruchtbaren Selbstgesprächs. Der betende Mensch ist vielmehr einem Radiosender vergleichbar, der mit seinen unsichtbar ausgestrahlten Wellen einen realen, nicht nur »gedanklichen« Einfluss ausübt auf das Geschehen in der Welt. Welch eine positiv gestaltende Macht könnten wir Christen und alle betenden Menschen sein, wenn wir es beachteten und täglich auch leisteten: das Medium »Gebet«. Wie viel Gutes unter uns Menschen geschieht, wie viel Böses (gerade noch) verhindert wird, das hängt vom Sein und Nichtsein des Gebets ab. Gottes Allmacht greift in diese Welt nur über unser Gebet ein. Er tastet unsere Freiheit, unser Ja und Nein, nicht an. Wir könnten viel Böses verhindern, aber wir glauben nicht mehr an die Macht des Gebets, wenn die Macht unserer Handlungen zu Ende geht.

Wo aber gebetet wird, da geschieht Segen. Wie und wann, das zu wissen ist allein Sache Gottes. Uns obliegt nur die Bereitschaft zum Gebet und die gläubige Gewissheit, dass dem gegeben wird, der sich nicht zu bitten scheut. Dies geschieht auch in zwei weiteren Psalmengattungen, die zum Lob- und Bittgebet hinzutreten: im Segensgebet und im Lehrgedicht.

> *Der Herr ist dein Hüter!*
> *Der Herr ist dein Schatten zu deiner Rechten!*
> *Bei Tag kann dir die Sonne nicht schaden*
> *und nicht der Mond in der Nacht.*
> *Der Herr behütet dich vor allem Unheil,*
> *er behütet dein Leben.*
> *Der Herr behütet dein Gehen und Kommen*
> *von nun auf ewig.*
> (Ps 121,5–8)

Ich weiß nicht, und ich brauche es auch nicht zu wissen, wer der Mensch ist, der zu Beginn dieses Psalms fragt: »Woher kommt mir Hilfe?« Irgendjemand schaut sich um unter den Göttern und Angeboten dieses Lebens und er schaut aus nach dem »Segen«, den sie ihm vermitteln vermöchten. Gott kennt ihn und Gott kennt mich und er wartet darauf, dass ich im Gebet den Segen weitergebe, den ich selbst empfangen durfte. Denn das ist meine Bestimmung als Christ, mein priesterliches Tun, zu dem ich als Getaufter gerufen bin, nämlich Sender und Spender zu sein. Solcher Segen fließt nicht aus irdischen Gütern und Quellen. Er kommt durch den betenden Menschen in die Welt. (siehe 1 Petr 3,9)

Auf andere, aber ähnliche Weise vollzieht sich betender »Einfluss« auf die Welt und ihre geistige Atmosphäre, die Noosphäre, wie Teilhard de Chardin (1881–1955) sie nennt. Jedes gesprochene oder auch nur gedachte Wort bestimmt durch seine ihm eigene Strahlkraft den Stand der geistigen Welt, den Stand ihrer positiven und negativen Gehalte. Wie also die unzähligen Menschenworte diese geistige Sphäre beeinflussen, so vermögen es auch in übernatürlicher Weise die Beter der so genannten Geschichts- und Weisheitspsalmen:

> *Kostet und seht: Der Herr ist gut!*
> *Selig der Mensch, der zu ihm sich flüchtet!*
> *Kommt, ihr Söhne, höret mich!*
> *Die Furcht des Herrn will ich euch lehren.*
> *Wer ist der Mensch, der Lust hat am Leben,*
> *der Tage sich wünscht, um Gutes zu sehen.*
> *Lass ab vom Bösen und tu das Gute,*
> *trachte nach Frieden und such ihn zu ergreifen!*
> (Ps 34,9–15)

Solch ein Psalm wird nicht nur gelesen, er wird gebetet. Und dort, wo dies geschieht, ist es wie eine aus der Stille wirkende Katechese, eine christliche Unterweisung, die alle Belehrung und Ermahnung begleitet und unterstützt, wo immer sie sich vollzieht. Wenn einem suchenden Menschen eine Erkenntnis

»aufgeht« – sei es infolge und am Ende eines mühseligen Religionsunterrichts, sei es auf Grund eigenen Nachdenkens –, woher kommt dann die Gnade solcher Eingebungen? Sicherlich kommt sie von Gott, aber auch vom Mitmenschen. Alle Gnade wird, seit sie in Christus Mensch geworden ist, auch »horizontal« vermittelt. Durch einen Menschen, der (sicherlich zunächst »für sich«) einen Lehrpsalm, einen Geschichtspsalm meditierend betet, der aber in solchem Tun zum realwirksamen Medium »für den anderen« wird. Denn kein Gedanke bleibt bei sich selbst und manches Nachdenken im stillen Kämmerlein hat sogar »Geschichte gemacht«, wenn auch oft erst nach Jahrzehnten. Ein beredtes Beispiel hierfür sind die Brüder und Schwestern von Charles de Foucauld (1858–1916), dessen Ordensgemeinschaft erst lange nach seinem Tod entstand ...

Betendes Lesen trägt immer Frucht, auch wenn man nicht weiß, wann, wie und an wem. »Der Samen keimt und wächst, und der Mensch weiß nicht, wie ...« (Mk 4,27) Aber der Glaube sagt dem Beter, dass kraft der Verbundenheit in und mit Christus seine Psalmen zu einem Gebet werden, das in die Welt hinauswirkt – als »Katechese«, das heißt »An-Rede«, die all jene begleitet und unterstützt, die sich abmühen, »damit Gott uns eine Tür öffnet für das Wort ...« (Kol 4,3)

Für jede Hinwendung zu Christus, für jede Annahme seines Wortes gilt ja: »Ich habe gepflanzt, Apollos hat begossen, Gott aber ließ wachsen.« (Vgl. 1 Kor 3,6) Der Pflanzer ist nichts ohne den Begießer und das Aussäen des Wortes bleibt müßig, wenn nicht der befruchtende Regen dazukommt. Gott will den einen wie den anderen als Mittler der Gnade, als Spender aller irgendwo »aufgehenden« Erkenntnis, damit »in allem Gott verherrlicht« werde (1 Petr 4,11) – in der Verkündigung wie im begleitenden Gebet.

Gott allein kennt die Zahl der Menschen, für die die Karmelitin Thérèse von Lisieux (1873–97) die große »Missionarin« werden durfte durch ihr Psalmgebet, das auch ihr nicht nur Stunden der Wonne bereitet hat. Die Kirche wusste, warum sie im 2. Jahrhundert eine überschäumende Hymnendichtung durch das tägliche Schwarzbrot der Psalmen ersetzt hat.[13] Und dieses Schwarzbrot hat sich bewährt. Bis heute.

Psalm 1
Sein Wort – der Wegweiser zum Leben

Durch das Leben zu gehen und sich nicht zu verlieren, Frucht zu bringen und nicht vom Winde verweht zu werden ist eine Kunst, die nur der beherrscht, der sich ausrichtet an der »Weisung des Herrn«.
Sein »richtungweisendes« Wort scheidet somit »Frevler« und »Gerechte«. Wer sein Leben danach immer neu einrichtet (was gewiss nie vollkommen gelingt), der ist »gerecht«. Gerecht nicht, weil bei ihm rundum die Richtung stimmt – denn Menschsein heißt: unter der Sünde stehen –, sondern weil er sich ausrichten lässt auf das letzte Ziel hin.

»Jetzt ergeht das Gericht« (Ijob 12,31), das heißt Scheidung und Ausrichtung. Wer da bewusst und ein Leben lang in entgegengesetzter Richtung läuft – wie soll der ans Ziel kommen?

Wie ein Baum
bin ich vor dir.
Und all meine Wurzeln
senken sich in deine Wasser.

Meines Lebens Nahrung und Frucht:
Woher anders als aus dir?

Wie könnte ich aufrecht und gerade stehen
in den Stürmen des Lebens –
Würdest du mich nicht ausrichten
(immer neu) in deine Höhen,
und aufrichten
im Horizont deiner Weiten?

Wie?

Psalm 1

1 Selig der Mensch, der nicht dem Rat der Frevler folgt, /
der nicht betritt den Weg der Sünder, *
nicht sitzt im Kreise der Spötter,

2 der vielmehr seine Lust hat an der Weisung des Herrn, *
der bei Tag und bei Nacht über seine Weisung nachsinnt.

3 Er gleicht dem Baum, der an Wasserbächen gepflanzt ist, /
der zur rechten Zeit seine Frucht bringt *
und dessen Blätter nicht welken.

Was immer er tut, *
es wird ihm gelingen.

4 Nicht so die Frevler! *
Sie sind wie Spreu, die der Wind vor sich hertreibt.

5 Darum werden Frevler im Gericht nicht bestehen, *
noch Sünder in der Gemeinde der Gerechten.

6 Denn der Herr weiß um den Weg der Gerechten, *
aber der Weg der Frevler verliert sich.

Psalm 2
Die Thronerhebung des Messias-Königs

Allem Widerstand der Geschichte zum Trotz, erwählte Gott den Menschen Jesus von Nazareth zu seinem »Gesalbten« und setzte ihn zum Herrscher über die Gebieter der Erde ein. Dieser Mensch, vorbildhaft gezeichnet im israelitischen König, wird als »der Sohn« proklamiert. (Vgl. Apg 13,33)

Aber er heißt nicht nur »Sohn«, wie sein Vorbild: Er ist es! Er ist von Gott »gezeugt« (nicht »geschaffen« wie der irdische König) in jenem Heute, das alles Gestern und Morgen vor Gott umfasst. Dieser von Gott eingesetzte Christkönig verlangt eine Entscheidung vom Menschen: »Wer nicht für mich ist, ist gegen mich.« (Mt 12,30)

Offene Feindschaft, Hass und Ablehnung führen in den Abgrund; an Ihn glauben jedoch und sein Leben ihm anheim stellen, lässt das Ende der Geschichte überstehen.

Weltgeschichte:
Geschichte eines einzigen Nein.

Ich will nicht dienen.
Ich diene nicht. Ich will nicht.
Ich nicht! Ich bin Ich.
Ich allein. Ich.

Ich brauche nicht Einsicht,
Ich brauche kein Vertrauen.
Ich will ganz und gar
Ich sein. Ich selber ich!

Töpfergeschirr allesamt,
spricht der Herr.

Psalm 2

1 Was toben die Völker? *
Was sinnen die Nationen nichtige Pläne?

2 Die Könige der Erde stehen auf, /
die Mächtigen tun sich zusammen *
gegen den Herrn und seinen Gesalbten:

3 »Wir wollen ihre Fesseln zerreißen *
und von uns werfen ihre Stricke!«

4 Der im Himmel thront – er lacht, *
es spottet ihrer der Herr.

5 Dann spricht er zu ihnen in seinem Zorn, *
er schreckt sie auf in seinem Grimm:

6 »Ich selber habe meinen König eingesetzt *
auf Zion, meinem heiligen Berg.«

7 Verkünden will ich den Beschluss des Herrn. /
Er sprach zu mir: »Du bist mein Sohn. *
Ich selber habe dich heute gezeugt.

8 Fordre von mir, und ich gebe dir die Völker zum Erbe, *
zum Eigentum die Enden der Erde.

9 Du wirst sie zerschlagen mit eisernem Zepter, *
wie Töpfergeschirr sie zerschmettern!«

10 So nehmt nun Einsicht an, ihr Könige, *
lasst euch warnen, ihr Richter der Erde!

11 Dient dem Herrn in Furcht, /
frohlockt ihm mit Beben, *
12 – küsset den Sohn –

damit er nicht zürnt, *
und ihr nicht verloren geht auf eurem Weg.

Denn wenig nur, und sein Zorn ist entbrannt. *
Selig alle, die bei ihm sich bergen!

Psalm 3
Diasporasituation – Morgengebet eines Einsamen

Gerade dann, wenn Gottes Hilfe am nötigsten wäre, bleibt Gott oft unbegreiflich fern. Kein Wunder, dass da alle Welt über den Gläubigen lacht. Man lästert und stichelt: In Gott oder in Christus soll das »Heil« sein? Das »Heil« liegt im Kapital, in den Beziehungen, im Erfolg!

In solcher »Anfechtung« verliert der Beter seine Ruhe nicht, er lässt es Abend werden und Morgen. Und wie er erwacht, weiß er mit unableitbarer Sicherheit, dass Gott ihn nicht fallen lässt, sondern dem Gerede (»Zähne«) ein Ende macht.

Oft schon in der Geschichte war »am anderen Morgen« die Wende da, hat Gott einen neuen Anfang geschaffen und all die Sorgen des vergangenen Tages sind verflogen.

Jesus legt sich ins Boot
und schläft.
Er wacht auf und wundert sich
über die Angst der Seinen.

Er staunt, als habe nur
das Unsichtbare Bedeutung,
als seien die Wellen
so ganz ohne Gewicht.

Kirchengeschichte heute:
Gott kann warten,
als wäre alles nur
ein bisschen Sturm ...

Psalm 3

Ein Davidspsalm. Als er vor seinem Sohn Abschalom floh.

2 O Herr, wie sind meine Bedränger so viele, *
wie viele sind es, die gegen mich aufstehn!

3 Viele sind es, die von mir sagen: *
»Bei Gott ist für ihn keine Rettung.«

4 Du aber, Herr, bist ein Schild für mich; *
du erhebst mir das Haupt, du bist meine Ehre.

5 Laut habe ich zum Herrn gerufen, *
da gab er mir Antwort von seinem heiligen Berge.

6 Ich legte mich nieder und schlief, – *
ich wachte auf, denn der Herr ist mir Stütze.

7 Viele Tausende von Kriegern fürchte ich nicht, *
wenn sie mich ringsum belagern.

8 O Herr, steh auf! *
Mein Gott, bring mir Rettung!

Denn all meinen Feinden hast du den Kiefer zerschlagen, *
die Zähne der Frevler hast du zerbrochen.

9 Beim Herrn ist die Rettung. *
Auf dein Volk kommt dein Segen!

Psalm 4
Abendgebet in schwerer Zeit

Es ist leicht, auf Gott zu vertrauen und abends ein Gebet des Dankes an ihn zu richten, wenn man im Überfluss von »Korn und Wein« lebt, wenn man beruflich Erfolg hat und von seiner Mitwelt anerkannt wird.

Was aber, wenn Not den Menschen fluchen lehrt, wenn man allenthalben Gottes Ehre zu schmähen beginnt? Da ist der Mensch aufgerufen, sein Gottvertrauen zu vertiefen und reifen zu lassen. Sich ruhig zum Schlaf niederzulegen, selbst wenn er nicht weiß, wie es am nächsten Tag weitergehen soll.

»Suchet zuerst das Reich Gottes und seine Gerechtigkeit, und dies alles wird euch dazugegeben werden.« (Mt 6,33)

»Wunderbar handelt der Herr« –
das will ich jeden Abend
über meinen Tag schreiben,
wie immer auch er war, dieser Tag!

Dies will immer tiefer ich erkennen,
und dies soll mein Friede sein.
Heute und immer,
und auch am Ende:

Wunderbar hat er gehandelt!
Dank sei ihm!
Dank für alles!

Psalm 4
Dem Musikmeister. Mit Saitenspiel.
Ein Davidspsalm.

2 Wenn ich rufe, gib mir Antwort, *
du Gott, der für mich Recht schafft.

Du hast mir Raum geschaffen in der Bedrängnis, *
sei mir gnädig und höre mein Beten!

3 Ihr Mächtigen, wie lange noch schmäht ihr meine Ehre, *
wie lang liebt ihr das Nichtige und sucht die Lüge?

4 Erkennt: Den Treuen hat der Herr sich auserwählt. *
Der Herr – er hört es, wenn ich zu ihm rufe.

5 Erschreckt und lasst die Sünde! *
Bedenkt es auf eurem Lager und werdet stille!

6 Bringet rechte Opfer dar, *
auf den Herrn setzt euer Vertrauen!

7 Viele sind es, die sagen: /
»Wer lässt uns Gutes erfahren? *
Über uns, o Herr, erhebe dein leuchtendes Antlitz!«

8 Du hast mir weit größere Freude ins Herz gelegt, *
als jene sie haben bei Korn und Wein in Fülle.

9 In Frieden leg ich mich nieder und schlafe; *
denn du allein, Herr, lässt mich sorglos wohnen.

Psalm 5
Ein Morgengebet im Tempel

Ein Mensch, der Jahwe, seinen Gott, von ganzem Herzen liebt, bringt am Morgen seine Opfergabe zum Tempel und spricht sein Bekenntnis: Er dankt Gott, dass er »auf Grund der Gnade« (vgl. Röm 3,24), nicht aus eigenem Verdienst, vor Jahwe stehen darf.

Er weiß, dass dieses »Dürfen« eine Verpflichtung zu einem Leben in Treue bedeutet, und so bittet er Gott, ihn auf dem rechten Weg weiterzuführen. Denn wie leicht könnte er dem Sog einer glaubens- und sittenfeindlichen Umwelt zum Opfer fallen, die ständig mit raffiniertesten Mitteln den Menschen von Gott abzuziehen versucht.

Möge endlich ihre Lüge entlarvt werden und ein Ende finden! Vergessen wir es nicht: »Wir danken dir, dass du uns berufen hast, vor dir zu stehen und dir zu dienen.« (Zweiter Kanon)

Wir danken dir, Herr,
du hast uns gerufen,
vor dir zu stehen,
dir zu dienen!

Wir danken dir –
aus reiner Freude,
und singen dir –
aus reiner Freude!

Wir danken und singen
und möchten dies immer mehr,
und immer reiner auch,
ohne die Gedanken des Pharisäers.

Wir danken dir,
dass wir danken können,
und dass aus deiner Gnade allein
wir sind, was wir sind.

PSALM 5
DEM MUSIKMEISTER. ZUM FLÖTENSPIEL. EIN DAVIDSPSALM.

2 Meinen Worten, o HERR, neige dein Ohr, *
achte auf mein Seufzen!

3 Vernimm mein lautes Schreien,
mein Gott und mein König, *
wenn ich zu dir flehe.

4 HERR, am Morgen wirst du mein Rufen hören, *
am Morgen rüste ich dir das Opfer und halte Ausschau.

5 Denn du bist kein Gott, der an Frevel Gefallen hat, *
ein Böser hat bei dir kein Gastrecht.

6 Stolze kommen dir nicht vor die Augen, *
du hassest alle, die Unrecht tun.

7 Zugrunde gehen lässt du die Lügner, *
Mörder und Betrüger sind dem HERRN ein Greuel.

8 Ich aber darf dein Haus betreten *
dank deiner reichen Güte,

darf mich niederwerfen in Ehrfurcht *
hin zu deiner heiligen Halle.

9 Leite mich, HERR, /
der du mir Recht schaffst gegen meine Feinde, *
mach deinen Weg vor mir eben.

10 Denn in ihrem Mund ist nichts Wahres, *
ihr Inneres ist voller Verderben.

Ein geöffnetes Grab ist ihre Kehle, *
sie reden mit glatter Zunge.

11 Lass sie es büßen, o Gott! *
Sie sollen fallen durch ihre eigenen Pläne.

Ob der Menge ihrer Frevel verstoße sie, *
weil sie sich gegen dich empörten!

12 Doch freuen sollen sich alle, die bei dir sich bergen, *
in Ewigkeit sollen sie jubeln.

Beschütze sie und lasse deiner sich rühmen, *
die deinen Namen lieben.

13 Denn du, HERR, segnest den Gerechten. *
Wie mit einem Schild umgibst du ihn mit deiner Gnade.

Psalm 6
Die Klage der Krankheit

Für die alte Zeit galt Krankheit stets als sichtbare Strafe Gottes und eine übelwollende Umwelt hatte ihr Vergnügen daran, nach der Ursache, den »verborgenen Sünden«, zu schnüffeln. Das schmerzt den Kranken am meisten: dieser erbarmungslose Pharisäismus!

Er weiß, dass er den Zorn Gottes verdient hat, aber er bittet trotzdem, ihm gnädig zu sein. Die Strafe ist überschwer, sie zermalmt ihn geradezu. In kindlicher Einfalt betet er zu Gott, ihn doch in dessen eigenem Interesse nicht sterben zu lassen; denn wenn er tot ist, kann er ihn nicht mehr verherrlichen.

Die »Theologie« dieses Psalms ist schlicht, ja »primitiv«. Aber auch einen noch »unterentwickelten« Beter hört und liebt Gott.

Wie viele Menschen sind lebende Tote!
»Die da sind und doch nicht leben …«

Diese Toten denken nicht an dich,
und die, die an dich nicht denken,
das sind die wirklich Toten.

Sie denken zwar, Vieles und viel Gescheites.
Aber dich –
denken sie nicht.
Lebende Tote.

Psalm 6

Dem Musikmeister. Mit Saitenspiel.
Auf der Scheminit. Ein Davidspsalm.

2 Herr, züchtige mich nicht in deinem Zorn! *
Weis mich doch nicht so grimmig zurecht!

3 Sei mir gnädig, Herr, denn ich welke dahin; *
heile mich, Herr, – in meine Glieder fuhr der Schrecken.

4 Meine Seele ist zutiefst erschrocken. *
Du aber, Herr, – wie lange noch!

5 Herr, wende dich doch her und befreie mich, *
um deiner Liebe willen rette mich.

6 Denn niemand denkt an dich im Tod. *
Wer wird dich preisen in der Unterwelt?

7 Ich bin erschöpft vom Seufzen, /
jede Nacht benetze ich weinend mein Bett, *
ich überschwemme mein Lager mit Tränen.

8 Mein Auge ist getrübt vor Gram, *
matt geworden wegen all meiner Bedränger.

9 Ihr Übeltäter alle, weicht zurück von mir! *
Denn der Herr hat mein lautes Weinen gehört.

10 Gehört hat der Herr mein Flehen, *
der Herr nimmt mein Beten an.

11 In Scham und Schrecken geraten all meine Feinde, *
sie müssen sich wenden, sie werden plötzlich beschämt.

Psalm 8
Groß ist der Schöpfer und groß ist seine Schöpfung

Der gewaltige Sternenhimmel des Südens lässt einen betrachtenden Menschen dieses Lied anstimmen. Was ist der Mensch in der Verlorenheit des Weltraums? Ein Nichts! Und sollte sich da der große Gott um den Erdenwurm kümmern?!

Doch da bekennt der Psalm, allen pessimistischen Anwandlungen zum Trotz: Der Mensch ist Gottes Bild, seinem Schöpfer unendlich lieb und wertvoll. Ja, er ist zum Herrscher und Gestalter aller Kreatur bestellt. Nach Gottes Willen soll der Mensch das Schöpfungswerk zu Ende führen durch die Kraft seines Geistes.

Der Hymnus wird zum Bittgebet, wenn wir seine Worte mit der Welt von heute vergleichen, in der die atomaren, bakteriologischen und chemischen Waffen eine Angst erzeugen, die alle Freude am Sein zu ersticken droht, und in der die Natur weniger behütet als vielmehr verseucht und verdorben wird.

Niemand weiß die Jahre und Äonen.
Nur du!

Niemand kennt des Weltalls Grenzen.
Nur du!

Niemand ruft wahr meinen Namen.
Nur du!

Die Sterne
und der Staub:
Alles ruht in deinen Händen.

Psalm 8
Dem Musikmeister. Auf der Gittit.
Ein Davidspsalm.

2 Herr, unser Herrscher, *
wie herrlich ist dein Name auf der ganzen Erde!

Deine Hoheit, weit über die Himmel hin,
will ich besingen *
3 mit der Kinder und Säuglinge Mund.
Eine Feste hast du gegründet, deinen Gegnern
zum Trotz, *
zum Schweigen zu bringen den Feind und den Rächer.

4 Schaue ich deinen Himmel, das Werk deiner Finger, *
Mond und Sterne, die du befestigt hast:

5 Was ist der Mensch, dass du seiner gedenkst, *
des Menschen Kind, dass du seiner dich annimmst?

6 Du hast ihn nur wenig geringer gemacht als Gott, *
hast ihn gekrönt mit Herrlichkeit und Pracht.

7 Du hast ihn als Herrscher gesetzt über das Werk
deiner Hände, *
alles legtest du ihm unter die Füße:

8 die Schafe und Ziegen und Rinder, *
und auch die Tiere des Feldes,

9 die Vögel des Himmels und die Fische im Meer, *
und ihn, der dahinzieht die Pfade der Meere.

10 Herr, unser Herrscher, *
wie herrlich ist dein Name auf der ganzen Erde!

Psalm 11
Ein Bekenntnis in der Krise

Ist es nicht so, dass man heute »auf und davon« möchte, dass manch einer tatsächlich »in die Berge flieht«? Weil es in der Heiligen Stadt nicht mehr wert ist zu leben? Wo von allen Seiten das »angeschossen« wird, was uns Jahrhunderte lieb und teuer und heilig war?

Es werden Grundfesten unterwühlt, auf denen einmal unsere geistige und menschliche Existenz ruhte. »Im Dunkel« schießt man gegen die Ordnung der Moral, der Gesellschaft, der Glaubenswelt. Und mit Erfolg!

»Alles ist anders als früher ...« Doch Gott bleibt im Wandel der Ewig-Selbe, und »er prüft, was am Neuen gerecht«, was richtig und falsch ist. Die inmitten der Wandlungen ein »reines Herz« bewahren, dürfen sein Angesicht schauen, und das ist die Wahrheit gestern, heute und morgen. Und ihre Wahrheit hält einzig stand im Feuer des Gottesgerichtes.

Wessen Herz rein ist vom Gerümpel,
vom Unrat der Zeit,
der darf sein Antlitz schauen.

Und wer sein Antlitz schaut,
der weiß um die Wahrheit der Dinge.

Diese Wahrheit aber
kennt nur ihr Schöpfer,
und jener, der ihnen und ihm
in Demut begegnet.

Alle Klarheit der Erkenntnis
setzt göttliche Ehrfurcht
und Demut voraus.

Psalm 11
Dem Musikmeister. Ein Davidslied.

Ich habe Zuflucht gefunden beim Herrn. /
Wie könnt ihr mir sagen: *
»Vöglein, flieht in eure Berge!

2 Denn schon spannen die Frevler den Bogen, /
legen ihren Pfeil auf die Sehne, *
im Dunkel zu schießen auf redliche Herzen.

3 Werden die Fundamente zertrümmert, *
– was kann da noch ein Gerechter bewirken?«

4 Der Herr ist in seinem heiligen Tempel; *
der Herr hat seinen Thron im Himmel.

Seine Augen halten Ausschau, *
seine Blicke prüfen die Menschen.

5 Der Herr prüft den Gerechten, /
doch den Frevler hasst er *
und jene, die Gewalttat lieben.

6 Verderben lässt er auf die Frevler regnen, *
Feuer und Schwefel und sengender Wind ist ihr Anteil.

7 Ja, der Herr ist gerecht, /
er liebt gerechte Taten. *
Redliche werden sein Angesicht schauen.

Psalm 12
Die Macht der Propaganda

Es ist nichts Neues und auch nichts Überholtes, wenn ein Mensch vor Gott sein Leid hinträgt, das er angesichts der Flut des gesprochenen und gedruckten Wortes empfindet, welches das Volk ruiniert.

Das zersetzende, heimtückisch von Gott abziehende Wort ist so stark, dass es auch für den »Frommen« und »Treuen« immer schwerer wird, dem allgemeinen »Meinungsterror« standzuhalten. Die Lüge wird so allgewaltig, dass die Meinungsmacher sich wie Götter vorkommen.

Aber eine Sicherheit bleibt: Das reine Silber des Gotteswortes kann nicht verloren gehen. Es bleibt dem Menschen treu.

Herr,
die Flut der Wörter
dringt auch an dein Ohr.

Die neue Sintflut,
sie droht uns alle zu ertränken.

Das Falschgeld,
das wie Silber klingt,
die hohle, ungedeckte Währung.

Nur dein Wort, Herr, ist bewährt,
und nur wer es bewahrt,
währt in Ewigkeit.

Wie dein Wort.
Mit deinem Wort.

Psalm 12
Dem Musikmeister. Auf der Scheminit.
Ein Davidspsalm.

2 Hilf doch, o Herr,
denn es geht mit dem Frommen zu Ende, *
dahin ist unter den Menschen die Treue.

3 Falsches reden sie, einer zum andern, *
sie reden mit glatten Lippen und doppeltem Herzen.

4 Der Herr tilge alle glatten Lippen, *
jede Zunge, die Vermessenes redet.

5 Sie sagen: »Durch unsre Zunge sind wir mächtig, *
unsre Lippen sind mit uns. – Wer kann über uns
Herr sein?«

6 Die Schwachen werden unterdrückt, die Armen seufzen; /
darum spricht der Herr: »Jetzt stehe ich auf, *
um den ins Heil zu setzen, über den man herzieht.«

7 Die Worte des Herrn sind lautere Worte, /
Silber, geschmolzen im Ofen, *
siebenfach von Schlacken geläutert.

8 Herr, du wirst dich gewiss an sie halten, *
du wirst uns für immer vor diesen Leuten bewahren,

9 mögen auch überall Frevler umhergehn, *
mag auch Gemeinheit obenauf sein bei den Menschen.

Psalm 13
Die Nacht der Gottesfeme

Wo ist Gott? Ist er tatsächlich »tot«? Wenn Monate und Jahre im Dunkel dahingehen, wenn man Gott nicht mehr »spürt« – wie leicht ist es da, dass der »Feind«, und das ist im Letzten der Satan, »triumphiert«!

Es wäre nicht das erste Mal, dass er einen Menschen in der Not fühlbarer Gottesferne überwältigt und aus dem geistlichen, gnadenhaften Leben zurückholt in den »Tod« eines oberflächlichen, rein irdischen Daseins.

Darum: »Singen will ich« selbst in der Nacht, von der ich nicht weiß, wann sie endet. Denn Singen kommt aus dem Wissen um das lichte Morgen und solches Singen vertreibt die Nacht noch vor dem Licht ...

»Ich habe ihn überwältigt« –
Meine Macht war stärker als die Gottesmacht!

Welch ein Triumph,
wenn Satan so sprechen kann.

Letztlich gibt es nur den einen Feind.
Letztlich hasst nur jener mich
bis ins Letzte,
der meine Seele
ins Verderben stürzen kann.

»Den fürchtet!«
(Lk 12,5)

Psalm 13
Dem Musikmeister. Ein Davidspsalm.

2 Wie lange noch, o Herr? /
Willst du mich für immer vergessen? *
Wie lange noch verbirgst du mir dein Antlitz?

3 Wie lange noch muss ich Sorgen tragen in meiner Seele, /
Kummer in meinem Herzen alle Tage? *
Wie lange noch darf mein Feind über mich triumphieren?

4 Schau doch her, gib mir Antwort, Herr, du mein Gott! *
Mach hell meine Augen, damit ich nicht im Tode entschlafe,

5 damit mein Feind nicht sagen kann: /
»Ich hab ihn überwältigt«, *
und meine Gegner nicht jubeln, weil ich gestürzt bin.

6 Ich aber baue auf deine Liebe, *
mein Herz soll jubeln über deine Hilfe.

Dem Herrn will ich singen, *
weil er mir Gutes getan hat.

Psalm 15
Wer darf in Gottes Nähe weilen? Eine Katechismusfrage

Ein Mensch kommt zum Heiligtum in Jerusalem. Er fragt den Priester am Tempeleingang nach den Einlassbedingungen (vgl. Ps 24) und erhält eine Antwort, die wie eine Aufzählung ähnlich den Zehn Geboten klingt.

Im Grunde aber sind diese Sätze eine zehnfache Ausfaltung des einen Gebotes der Nächstenliebe: inmitten der Gemeinschaft, in der man lebt, dem Mitmenschen kein Leid zufügen. Wer liebt, hat »das ganze Gesetz erfüllt«. (Röm 15,8–10)

Gast sein bei dir, Herr,
welch ein Geschenk!
Du lädst alle ein, dich zu suchen
und der Mühe nicht zu scheuen,
auf deinen Berg emporzusteigen.

Die aber die Einladung missachten –
und so, mehr noch sich selbst
als dich verachten –

Herr, in welchen Niederungen nur
bleiben und leben sie …

Psalm 15
Ein Davidspsalm.

Herr, wer darf in deinem Zelte Gast sein? *
Wer darf wohnen auf deinem heiligen Berge?

2 Der makellos lebt und das Rechte tut, *
der im Herzen auf Wahrheit sinnt:

3 Er verleumdet nicht mit seiner Zunge. /
Er tut seinem Nächsten nichts Böses *
und schmäht nicht seinen Nachbarn.

4 Der Verworfene ist in seinen Augen verächtlich, *
doch die den Herrn fürchten, hält er in Ehren.

Er ändert seinen Eid nicht, *
auch wenn er sich selbst zum Schaden geschworen hat.

5 Er leiht nicht sein Geld aus auf Zins, *
und gegen den Schuldlosen lässt er sich nicht bestechen.

Wer also handelt, *
in Ewigkeit wird er nicht wanken.

Psalm 16
Der Weg zum Leben – ein Bekenntnis

Unter den Göttern Kanaans und unter den Möglichkeiten, sein Leben diesen Mächten gemäß auszurichten, schaut sich ein Suchender um. Und er stellt fest, dass Jahwe allein es wert ist, dass man ihm sein Vertrauen schenkt:

Er, nicht die Götter und Amulette, und nicht das Maskottchen im Auto, hält das »Los« des Lebens in seinen Händen (»Los« hat im Hebräischen dieselbe Doppelbedeutung wie im Deutschen!).

Bei ihm ist das Leben wunderbar geborgen: Selbst die Verwesung im Grab kann den, der sich zu ihm bekennt, nicht vom Leben trennen: Er führt auch durch das Grab zu einer fröhlichen Auferstehung, wie Petrus und Paulus die letzten Verse von Psalm 17 deuten. (Siehe Apg 2,25–28 und Apg 13,35–37)

Mein ganzes Glück bist Du!
Du bist es, Herr,
denn du allein gibst mir
das ganze Leben.

Das Leben nicht nur heute und morgen,
das Leben einer ganzen Ewigkeit.

Grenzenlos bist Du,
und grenzenlos ist deine Gnade.
Du allein kannst mir,
beständig und auf ewig,
sein und geben,
was mein Herz ersehnt:
Tiefe, tiefe Ewigkeit ...

Dich und Alles,
Dich und ohne Ende.

Psalm 16
Ein Miktam. Ein Davidslied.

Behüte mich, Gott, denn ich flüchte zu dir. /
2 Ich sage zum Herrn: »Mein Herr bist du, *
mein ganzes Glück bist du allein.«

3 Über die ›Heiligen‹, die im Lande sind, sage ich /
und über die ›Herrlichen‹, die mir so gefielen: *

4 »Wer einem andern Gott nachläuft,
dessen Schmerzen mehren sich.

Nie mehr will ich ihnen Opferblut spenden, *
und nie mehr nehm ich ihre Namen auf die Lippen.«

5 Herr, du bist mein Anteil und Becher, *
du selber hältst mein Los in der Hand.

6 Die Messschnur fiel mir auf liebliches Land: *
ja, mein Erbe gefällt mir.

7 Ich preise den Herrn, der mir Rat erteilt: *
selbst zur Nacht ermahnt mich mein Gewissen.

8 Ich stelle mir den Herrn beständig vor Augen; *
er steht mir zur Rechten: – ich werde nicht wanken!

9 Darum freut sich mein Herz, meine Seele ist fröhlich, *
sorglos ruht auch mein Leib.

10 Denn du gibst mich nicht preis der Unterwelt, *
deinen Frommen lässt du nicht schauen die Grube.

11 Du zeigst mir den Weg zum Leben. /
Vor deinem Angesicht ist Freude in Fülle, *
zu deiner Rechten ist Wonne auf ewig.

Psalm 17
Das Lied von der Nacht und vom Erwachen

Gewiss ist dieser Psalm die Gebetsklage eines unschuldig Verfolgten, aber gehen wir irre, wenn wir in seinen Worten und seiner Situation ein Bild für das Gericht sehen, das jeden Menschen einmal erwartet?

Da wird das Lebenswerk in einem schmerzhaften »Feuer« geprüft (vgl. 1 Kor 3,12–15), da muss der Mensch durch eine Nacht hindurch, in der er einer unbestechlichen Herzensprüfung ausgesetzt ist, nach der er aber in die Gottesschau gelangt, in welcher sein Hunger nach dem Unvergänglichen, Absoluten und Ganzen gestillt wird. (Vgl. Offb 7,14–17)

Dass der Mensch dieses »Läuterungsfeuer« (oder wie man bisher sagte: »Fegfeuer«) besteht, ist keine Sache eigener Verdienste und fleißig angehäufter »guter Werke«, sondern allein Sache der Gnade: »gerechtfertigt auf Grund des Glaubens« an den einzig Gerechten. (Siehe Röm 3,21–28)

Geborgen in seiner Liebe, behütet wie sein »Augenstern«, rettet uns die in Taufe und Beichte geschenkte Unschuld unseres Bruders Jesus Christus.

Herr, ist es wahr,
dass ich dein »Augenstern« bin?

Dass du mich so lieb hast
wie deinen eigenen Sohn?
Dass du meine Sünde übersiehst,
weil du Jesus schaust,
wenn du mich erblickst?

Dank deiner Gnade. Es ist wahr.
Er in mir und ich in ihm!
Du schenkst mir seine Unschuld,
und darum belohnst du »beim Erwachen«
mich mit deinem ewigen Glanz ...

Das kann nur
die Logik der Liebe sein.

PSALM 17
EIN BITTGEBET. EIN DAVIDSLIED.

Höre, o HERR, du Gerechter, /
hab acht auf mein Rufen. *
Vernimm mein Beten, es kommt von Lippen ohne Falsch!

2 Von deinem Angesicht ergehe mein Urteil, *
deine Augen sehen, was recht ist.

3 Du hast mein Herz geprüft, bei Nacht es heimgesucht, *
du hast mich im Feuer erprobt und fandest nichts:

Mein Denken war nicht anders als mein Reden. *
4 In allem, was Menschen tun, hielt ich mich an dein Wort.

Ich habe mich gehütet vor den Pfaden der Gewalt. /
5 Fest blieb mein Schritt in deinen Spuren, *
meine Füße kamen nicht ins Wanken.

6 Ich rufe zu dir,
denn du, o Gott, gibst mir Antwort. *
Neige dein Ohr zu mir, vernimm meine Worte!

7 Wirke das Wunder deiner Liebe! *
Du rettest, die sich an deiner Rechten bergen
vor dem Feind.

8 Hüte mich wie den Stern deines Auges. *
Verstecke mich im Schatten deiner Flügel

9 vor den Frevlern, die mich hart bedrängen, *
vor den Feinden, die mich gierig umzingeln.

10 Sie verschließen sich fühllos, *
sie führen stolze Worte im Mund,

11 sie rücken gegen mich vor, /
da, sie kreisen mich ein, *
sie trachten danach, mich zu Boden zu strecken,

12 dem Löwen gleich, voll Gier zu zerreißen, *
dem Junglöwen gleich, der im Hinterhalt kauert.

13 Steh auf, o HERR, komm dem Frevler zuvor, /
zwing ihn zu Boden. *
Rette mich vor ihm mit deinem Schwert,

14 HERR, rette mich mit deiner Hand vor diesen Leuten, *
vor Menschen, deren Teil am Leben ohne Dauer ist:

Du füllst ihren Leib mit deinen Schätzen, *
auch ihre Söhne werden satt
und lassen das, was übrig bleibt, den Enkeln.

15 Ich aber, in Gerechtigkeit darf ich dein Antlitz schauen, *
und wenn ich erwache, mich satt sehn an deiner Gestalt.

Psalm 19
Die beiden Leuchten: die Sonne und das Gesetz

In diesem Psalm ist das Bruchstück eines uralten Liedes mit einer weisheitlichen Betrachtung der Spätzeit verbunden, die man vor allem mit Psalm 119 vergleichen kann.

In zweifacher Weise offenbart Gott seine Größe und Weisheit: in der Natur, vorab im majestätischen Glanz des Sonnenballs, wie auch im Sittengesetz, das dem Herzen des Menschen von Natur aus eingeschrieben ist. (Siehe Röm 2,15)

»Zwei Dinge erfüllen das Gemüt mit immer neuer und zunehmender Bewunderung und Ehrfurcht, je öfter und anhaltender sich das Nachdenken damit beschäftigt: der bestirnte Himmel über mir und das moralische Gesetz in mir.« (Kant)

Liebe Sonne zur Morgenstunde.
Gütige Sonne am Abendhimmel.

Südliche Sonne an Meeresstränden.
Leuchtende Sonne im Regenbogen.

Winzige Sonne im Tropfen am Gras.

Sonne, du, und Sonne immer,
Sonne, aus der alles Leben schöpft.

Sonne des Heiles, sieghafte Sonne,
Bild unseres strahlenden Christus, du!

Psalm 19

Dem Musikmeister. Ein Davidspsalm.

2 Die Himmel erzählen die Herrlichkeit Gottes, *
das Firmament verkündet das Werk seiner Hände.

3 Ein Tag sagt es jubelnd dem andern, *
eine Nacht übergibt der andern die Kunde.

4 Nicht sind es Worte, nicht sind es Reden, *
deren Stimme man nicht vernähme.

5 Ihre Botschaft ging in alle Welt hinaus, *
ihre Nachricht bis zu den Enden der Erde.

Dort hat er der Sonne ein Zelt bestimmt: /
6 wie der Bräutigam aus seinem Gemach tritt sie hervor, *
sie freut sich wie ein Held, die Bahn zu laufen.

7 Am einen Ende des Himmels geht sie hervor, /
durchläuft den Kreis bis ans andere Ende. *
Nichts kann vor ihrer Glut sich bergen.

8 Die Weisung des Herrn ist vollkommen, *
sie erquickt die Seele.

Das Zeugnis des Herrn ist verlässslich, *
den Unwissenden macht es weise.

9 Die Befehle des Herrn sind gerade, *
das Herz erfüllen sie mit Freude.

Das Gebot des Herrn ist lauter, *
es erleuchtet die Augen.

10 Die Furcht des Herrn ist rein, *
sie besteht für ewig.

Die Entscheide des HERRN sind wahr, *
gerecht sind sie alle.

11 Kostbarer sind sie als Gold, als Feingold in Menge, *
süßer sind sie als Honig und Seim aus den Waben.

12 Auch dein Knecht lässt sich durch sie erleuchten. *
Reich ist belohnt, wer sie beachtet.

13 Wer wird all seiner Fehler gewahr? *
Sprich mich frei von verborgenen Sünden!

14 Auch vor Vermessenen behüte deinen Knecht, *
sie sollen nicht über mich herrschen.

Dann werde ich vollkommen sein: *
frei von schwerer Verfehlung.

15 Die Worte meines Mundes mögen dir gefallen, /
das Sinnen meines Herzens stehe dir vor Augen, *
HERR, mein Fels und mein Erlöser.

Psalm 23
Der gute Hirte

Der Weg durchs Leben führt nicht nur über Wiesen, er geht auch mitten durch Wüsten, durch Strecken des Durstes und der Todesgefahr. Und dennoch: Auch im Dunkel ist der Herr uns nahe, sodass trotz äußerer Not uns »eigentlich« nichts mangelt. (Vgl. Lk 22,35)

Denn er hat uns angesichts unserer sichtbaren und unsichtbaren Feinde einen Tisch bereitet, der uns Kraft gibt zu einem Leben in ihm: Brot, Wein und Öl sind bereitgestellt, unser Verlangen zu stillen. Mahl und Salbung der Sakramente beleben und vollenden unsere Wanderschaft auf Erden.

Du mein Hirte, du mein Herr,
meine Ruhe und mein Weg.

Du mein Tal, und du mein Gipfel,
meine Schlucht und meine Weite.

Du mein Stab, und du mein Acker,
meine Heimat und mein Ziel.

Du mein Durst, und du mein Becher,
meine Not du und mein Schatz.

Du, mein selig-schweres Leben.
Du!

Psalm 23
Ein Davidspsalm.

Der Herr ist mein Hirt, nichts kann mir fehlen. *
2 Auf grünen Auen lässt er mich lagern.

Er führt mich zur Ruhe an frische Wasser, *
3 er stillt mein Verlangen.

Er leitet mich auf rechten Pfaden *
getreu seinem Namen.

4 Muss ich auch gehen in finsterer Schlucht, *
ich fürchte kein Unheil:

Du bist ja bei mir! *
Dein Stab und dein Stecken, sie geben mir Zuversicht.

5 Du deckst mir den Tisch *
vor den Augen meiner Bedränger.

Du salbst mein Haupt mit Öl; *
bis zum Rande gefüllt ist mein Becher.

6 Nur Güte und Liebe werden mich verfolgen *
alle Tage meines Lebens.

Und wohnen darf ich im Hause des Herrn *
bis in die fernsten Tage.

Psalm 24
Ein Prozessionslied zur Bundeslade

Dieser Psalm enthält in drei Teilen die Erinnerung an den Hinaufzug der heiligen Lade nach Jerusalem, der vielleicht in den Jahrhunderten nach David »dramatisch« wiederholt wurde. (Vgl. Ps 47)

Dabei sang man zunächst einen Hymnus, der das alte Weltbild widerspiegelt. Dann folgt ein Frage- und Antwortspiel: Das einziehende Volk fragt an den Tempeltoren die Priester nach den Bedingungen, die gestellt sind, wenn man sich im Heiligtum aufhalten will, und die Priester fragen in geschichtlicher Erinnerung, was das für ein Gott sei, der in die heilige Stadt, in das alt-kanaanäische Jerusalem einzieht.

Die uralten Pforten öffnen sich und empfangen den Gott, auf den die Jahrtausende gewartet haben – ein Sinnbild für das adventliche Warten des Heidentums auf Christus, der ihre »Tore« nicht einreißt, sondern ihren Sinn »hebt«, auf- und emporhebt, und somit erfüllt.

Mach dich weit, mein Herz,
und öffne die verschlossene Kammer!
Denn ein König kommt zu dir,
will einziehen in dich
und Wohnung nehmen
und darin seinen Thron errichten.

Freu dich, armes Herz,
ob solcher Ehre!
Denn eine Residenz
soll werden aus dir.
Bedenke deine Würde,
Menschenherz.

Psalm 24

Ein Davidslied. Ein Psalm.

Des Herrn ist die Erde und was sie erfüllt, *
der Erdkreis und seine Bewohner.

2 Denn er hat ihn über Meeren gegründet *
und ihn über Strömen gefestigt.

3 Wer darf hinaufziehn zum Berge des Herrn, *
wer darf stehn an seiner heiligen Stätte?

4 Der reine Hände hat und ein lauteres Herz, /
der seine Seele nicht erhebt zum Nichtigen, *
und der dem Trug keinen Eid schwört.

5 Er wird Segen empfangen vom Herrn *
und Gerechtigkeit vom Gott seines Heiles.

6 Dies ist das Geschlecht, das nach ihm fragt: *
jene, die dein Antlitz suchen, Jakob.

7 Ihr Tore, hebt eure Häupter, /
erhebt euch, ihr uralten Pforten, *
dass Einzug halte der König der Herrlichkeit!

8 Wer ist dieser König der Herrlichkeit? /
Der Herr, stark und gewaltig, *
der Herr, gewaltig im Kampfe.

9 Ihr Tore, hebt eure Häupter, /
erhebt euch, ihr uralten Pforten, *
dass Einzug halte der König der Herrlichkeit!

10 Wer ist er, dieser König der Herrlichkeit? /
Der Herr der Scharen: *
Er ist der König der Herrlichkeit.

Psalm 27
Einsamkeit

Ein Mensch hat erkannt, dass es in diesem Leben keinen letzten Halt gibt: Selbst die Eltern können ihn verstoßen und enterben, selbst gute Freunde können als falsche Zeugen ihn verraten.

Lagert dazu noch wie ein angriffstolles Heer eine feindselige, habgierige Umwelt um ihn, so kann er nur zu leicht am Leben verzweifeln und sein Heil im Dunkel des Selbstmordes suchen.

Da ist es etwas Großes zu sprechen: Der Herr ist mein Licht und meines Lebens Kraft! Eine Kraft, die stärker ist als alles andere. (Siehe Röm 8,35–39) Hat man das Glück, Gottes Nähe in seinem Haus, seinem tabernaculum (»Zelt«) zu erfahren, dann ist das bedrohte Leben mitten im Dunkel gesichert, dann schaut man mitten im Elend noch – wie ein kleines Licht in der Nacht – die »Güte« Gottes auf dieser Erde, im Lande der Lebenden.

So vieles erbitte ich vom Herrn,
doch Eines nur ist vonnöten:

Bei ihm zu wohnen.
Sein Antlitz zu schauen.
Seine Gegenwart zu erfahren.

Und daraus zu leben.

Dies allein will ich suchen,
und alle Dinge
werden sich klären.

Maria hat den besten Teil erwählt.
(Lk 10,42)

Psalm 27
Ein Davidslied.

Der Herr ist mein Licht und mein Heil: *
Wen sollte ich fürchten?

Der Herr schützt mein Leben: *
Vor wem sollte ich bangen?

2 Dringen Frevler auf mich ein, mich zu verschlingen: *
meine Bedränger und Feinde, sie straucheln und fallen.

3 Mag ein Heer mich belagern, *
mein Herz wird sich nicht fürchten.

Mag gegen mich der Kampf entbrennen, *
ich bleibe dennoch voll Zuversicht.

4 Eines erbat ich vom Herrn, /
danach verlangt mich: *
im Haus des Herrn zu wohnen alle Tage meines Lebens,

die Freundlichkeit des Herrn zu schauen *
und nachzusinnen in seinem Tempel.

5 Er birgt mich unter seinem Dach am Tag des Unheils, /
er beschirmt mich im Schutz seines Zeltes, *
er hebt mich empor auf den Felsen.

6 Nun kann mein Haupt sich erheben *
über die Feinde, die mich umringen.

So will ich Opfer bringen in seinem Zelt, /
Opfer mit Jubel, *
dem Herrn will ich singen und spielen.

7 Höre, o Herr, den Ruf meiner Stimme, *
sei mir gnädig und gib mir Antwort!

8 Mein Herz denkt an dein Wort: /
»Suchet mein Antlitz!« *
Dein Antlitz, o HERR, will ich suchen.

9 Verbirg mir nicht dein Antlitz, /
weise deinen Knecht nicht im Zorne zurück, *
du hast mir doch immer geholfen.

Verstoß mich nicht, verlass mich nicht, *
du Gott meines Heiles.

10 Selbst wenn mich Vater und Mutter verlassen, *
der HERR gibt mir Heimstatt.

11 Weise mir, HERR, deinen Weg, *
führe mich, meinen Gegnern zum Trotz,
auf ebenem Pfade.

12 Gib mich nicht preis der Gier der Bedränger, *
denn falsche Zeugen standen gegen mich auf
und schnauben Gewalttat.

13 Ich aber glaube fest: /
Die Güte des HERRN werde ich schauen *
im Lande der Lebenden.

14 Harre auf den HERRN und sei stark, *
fasse Mut und harre des HERREN.

Psalm 28
In jedweder Not zu beten!

Der Psalm gliedert sich deutlich in zwei Teile: Man betet die Gottanrufe in der Not und verrichtet das Dankgebet, nachdem die Not überstanden ist. Da jedoch die »Rubriken« des Psalters verloren gegangen sind, sind die Übergänge von einer Gebetsart zur anderen innerhalb eines Psalms oft abrupt und unverständlich.

Beachtlich ist, dass kein bestimmter Anlass der Klage genannt wird: Der Psalm ist »geöffnet« für jedwede Not und so konnte jeder, der ihn betete, seine persönliche »Intention« diesen Worten unterlegen. Tun wir das auch heute noch mit diesem Text!

Herr, die Not ist da,
und sie ist unausweichlich.
Weil du es bist,
der mir das Kreuz auflegt.

Doch weil du es bist,
will ich dir danken.
Trotzdem danken,
obgleich mir's nicht danach steht.

Weil mein Herz dir vertraut,
auch dann noch, wenn es weint,
darum erhebe ich meine Hände zu dir.

Auch jetzt, und jetzt schon,
und jetzt gerade!

Psalm 28
Ein Davidslied.

Zu dir, o Herr, rufe ich. *
Mein Fels, du darfst mir nicht schweigen!

Bleibst du mir stumm, *
gleiche ich denen, die hinuntersteigen zur Grube.

2 Höre mein lautes Flehen, /
jetzt, da ich zu dir rufe, *
da ich meine Hände erhebe zu deinem Allerheiligsten.

3 Raffe mich nicht hinweg mit den Frevlern, *
nicht mit denen, die Unrecht tun,

die »Friede« sagen zu ihrem Nächsten, *
doch Böses sinnen im Herzen.

4 Vergilt ihnen nach ihrem Tun *
und nach der Bosheit ihres Treibens.

Vergilt ihnen nach dem Werk ihrer Hände, *
wende ihr Tun zurück auf sie selber.

5 Denn sie achten nicht auf die Taten des Herrn, *
noch auf das Werk seiner Hände.

Darum reißt er sie nieder *
und wird sie nicht wieder aufbaun.

6 Der Herr sei gepriesen! *
Er hat gehört mein lautes Flehen.

7 Der Herr ist meine Kraft und mein Schild, *
mein Herz vertraut ihm.

Mir wurde geholfen. Da jubelte mein Herz. *
Mit meinem Lied will ich ihm danken:

8 Der HERR ist seines Volkes Stärke, *
Schutz und Heil für seinen Gesalbten.

9 Rette dein Volk und segne dein Erbe! *
Weide und trage sie in Ewigkeit!

Psalm 29
Gott allein die Ehre!

Gewitter, Erdbeben und Vulkane waren der alten Zeit eine Offenbarung des allmächtigen Gottes und seines Wortes. Und die göttlichen Wesen der Fremdvölker, an die das frühe Israel noch glaubte, sieht dieser Psalm in einer himmlischen Liturgie: Sie werfen sich huldigend vor Jahwe nieder. Denn Er ist der Gott über allen Göttern!

Wie man ein Opfer darbringt, so bringen sie die ihnen von den Menschen erwiesene Ehre Ihm dar, indem sie ihr gewaltiges »Gloria in excelsis Deo« rufen. Nicht Baal und Hadad, die angeblichen Wettergötter des Libanon und der syrischen Wüste, lassen ihre Stimme hören, sondern Er allein.

Nicht den geschaffenen Wesen, nicht Göttern, Engeln oder Heiligen, sondern ihm gilt letztlich alle Verehrung: Die vierundzwanzig Ältesten legen vor dem Lamm ihre Kronen nieder. (Offb 4,10)

Heilig, Heilig, Heilig –
Herr und Gott, Herrlicher, Du,
König ungezählter Scharen,
Vater der unermesslichen Welt.

Alles, was ist, preist deinen Namen:

Du, den keiner geschaffen,
Du, wirkend in allen Dingen,
Du, heiliges Sein, göttliches Licht.

Te deum laudamus! Te Deum!

Psalm 29
Ein Davidspsalm.

Bringt dar dem Herrn, ihr Himmlischen, *
bringt dar dem Herrn Ehre und Macht!

2 Bringt dar dem Herrn die Ehre seines Namens, *
werft euch nieder vor dem Herrn in heiligem Schmuck!

3 Die Stimme des Herrn über den Wassern: /
der Gott der Herrlichkeit donnert, *
der Herr über gewaltigen Wassern.

4 Die Stimme des Herrn voll Kraft, *
die Stimme des Herrn voll Majestät.

5 Die Stimme des Herrn bricht Zedern, *
der Herr zerbricht die Zedern des Libanon.

6 Er lässt den Libanon hüpfen wie ein Kalb, *
wie einen jungen Wildstier den Sirjon.

7 Die Stimme des Herrn sprüht flammendes Feuer, /
8 die Stimme des Herrn macht beben die Wüste, *
der Herr macht beben die Wüste von Kadesch.

9 Die Stimme des Herrn lässt Hindinnen kreißen, /
reißt Wälder kahl. *
In seinem Palast ruft alles: Herrlichkeit!

10 Der Herr thront über der Flut, *
der Herr thront als König in Ewigkeit.

11 Der Herr gebe Macht seinem Volke! *
Der Herr segne sein Volk mit Frieden!

Psalm 30
Dankgesang nach schwerer Krankheit

Nach Überwindung seiner trostlosen Situation singt der Geheilte im Tempel sein Danklied, wobei er seine Klage aus den Tagen der Krankheit »zitiert«: »Was nützt dir mein Blut ...« Ja, er tanzt sogar vor Freude im heiligen Bezirk!

Wichtig ist die Einsicht für den Beter, dass sein Schicksal ganz in Gottes Hand ruht. Er lässt gesund sein, er lässt krank werden und er wehrt den Tod ab.

Es gibt kein »sicheres Glück« – und je mehr man sich etwas auf einen augenblicklichen Höhepunkt im Leben einbildet, desto schneller wirft Gott den Menschen in den Staub, damit er sich seiner »Wirklichkeit« wieder bewusst wird und so zur Dankbarkeit zurückkehrt. »Gedenke, Mensch, dass du Staub bist!«

Einen Augenblick nur
dauert sein Zorn,
währt Gottes lastendes Dunkel.

Doch eine Ewigkeit
leuchtet seine Gnade.

Hoffnung – das ist wie:
am Abend um den kommenden Morgen wissen,
im Sturm die Anker im Grund versenken.

Hoffnung – das heißt:
im Augenblick das Ganze sehen,
und alles Heute
aus der Ewigkeit bewältigen.

Psalm 30
Ein Psalm. Ein Gesang zur Einweihung des Hauses. Ein Davidslied.

2 Ich erhebe dich, Herr, /
denn du zogst mich empor aus der Tiefe, *
du ließest nicht zu, dass über mich meine Feinde frohlocken.

3 Herr, mein Gott, ich habe zu dir gerufen, *
und du heiltest mich.

4 Herr, du hast mich heraufgeholt aus dem Reich des Todes, *
aus denen, die zur Grube gefahren, mich zum Leben gerufen.

5 Spielt dem Herrn, ihr seine Frommen, *
preist ihn, gedenkt seines heiligen Namens!

6 Nur einen Augenblick ist er im Zorn, *
doch seine Güte will das Leben.

Kehrt am Abend Weinen ein, *
– bis zum Morgen ist's Jubel.

7 Ich aber, ich wähnte in meiner Sicherheit: *
Ich werde niemals wanken.

8 In deiner Güte, o Herr, *
hattest du mich auf den schützenden Berg gestellt.

Doch dann verbargst du dein Antlitz, *
da fasste mich Schrecken.

9 Zu dir, o Herr, schrie ich, *
flehte zu meinem Herrn um Gnade:

10 »Was nützt dir mein Blut, mein Abstieg zum Grab? *
Kann Staub dich preisen, deine Treue verkünden?

11 Höre mich, HERR, sei mir gnädig! *
HERR, sei du mein Helfer!«

12 Da hast du mein Klagen in Tanzen verwandelt, *
mein Trauerkleid hast du gelöst, mich gegürtet mit Freude.

13 Darum singe ich dir und will nicht verstummen. *
HERR, mein Gott, dir will ich ewig danken.

Psalm 34
Die Stunde der Rettung

Keineswegs ist der »fromme Mensch« immer ein Glückskind. Auch er weiß, oft mehr als andere, was Leiden heißt. Gott misst ihm bisweilen mehr zu, als andere in der Oberflächlichkeit ihrer Lebensauffassung zu tragen vermöchten.

Aber nach einer Zeit des Leidens, deren Maß Gott allein kennt, kommt die Rettung und die zerbrochenen Glieder der Märtyrer erfahren eine glanzvolle Auferstehung, wie wir die Lebenserfahrung des Psalmisten aus dem Wissen um Christi Kreuz ergänzen dürfen.

»Sollte Gott seinen Auserwählten nicht Recht verschaffen, die zu ihm rufen Tag und Nacht, und sollte er sie lange warten lassen ... Doch wird der Menschensohn bei seinem Kommen auf Erden den Glauben finden?« (Lk 18,7f)

Die Furcht des Herrn will ich lehren ...
Furcht und Angst vor Gottes Geheimnis?

Nein, sondern: Ehrfurcht und Respekt
vor einem Größeren, als ich es bin.
Ehrfurcht heißt: auf Ihn sich stützen,
ohne sich dabei zu »vermessen«.

Ehrfurcht – das ist die Haltung dessen,
der sich zugleich geliebt
und gefordert weiß.
Dessen, der in geziemendem Abstand
Ihm ganz nahe sein darf ...

Psalm 34
Ein Davidslied. Als er vor Abimelech
seinen Verstand verstellte
und der ihn fortjagte und er ging.

2 Allezeit will ich den Herrn lobpreisen, *
sein Lob sei stets in meinem Munde!

3 Meine Seele rühme sich des Herrn, *
die Armen sollen es hören und fröhlich sein!

4 Preiset den Herrn mit mir, *
lasst uns gemeinsam seinen Namen erheben!

5 Ich suchte den Herrn, und er erhörte mich, *
er hat mich all meinen Ängsten entrissen.

6 Die auf ihn blicken, werden strahlen, *
nie wird vor Scham ihr Antlitz erröten.

7 Da rief ein Armer, und es hörte ihn der Herr, *
er half ihm aus all seinen Nöten.

8 Der Engel des Herrn umschirmt, die ihn fürchten, *
und er befreit sie.

9 Kostet und seht: Der Herr ist gut! *
Selig der Mensch, der zu ihm sich flüchtet!

10 Fürchtet den Herrn, ihr seine Heiligen, *
denn die ihn fürchten, leiden keinen Mangel.

11 Selbst Löwen darben und leiden Hunger, *
doch wer den Herrn sucht, braucht kein Gut zu
entbehren.

12 Kommt, ihr Söhne, höret mich! *
Die Furcht des Herrn will ich euch lehren.

13 Wer ist der Mensch, der Lust hat am Leben, *
der Tage sich wünscht, um Gutes zu sehen.

14 Hüte deine Zunge vor dem Bösen *
und deine Lippen vor falscher Rede!

15 Lass ab vom Bösen und tu das Gute, *
trachte nach Frieden und such ihn zu ergreifen!

16 Die Augen des HERRN blicken auf die Gerechten, *
und seine Ohren hören auf ihr Schreien.

17 Das Antlitz des HERRN richtet sich gegen die Bösen, *
ihr Gedächtnis von der Erde zu tilgen.

18 Schrein die Gerechten, so hört sie der HERR, *
er entreißt sie all ihren Nöten.

19 Der HERR ist nahe den gebrochenen Herzen, *
dem zerschlagenen Geist schafft er Heilung.

20 Viel Böses muss der Gerechte leiden, *
doch allem wird der HERR ihn entreißen.

21 Er behütet all seine Glieder, *
nicht eins von ihnen wird zerbrochen.

22 Den Frevler tötet die Bosheit, *
wer den Gerechten hasst, muss es büßen.

23 Der HERR erlöst seine Knechte, *
von Strafe bleibt verschont, wer zu ihm sich flüchtet.

Psalm 36
»Das Licht leuchtet in der Finsternis ...«

Dieser Psalm bewegt sich in einem Dreischritt: Er beginnt im Dunkel, steigt zum Licht mystischer Gotteserfahrung auf und kehrt wieder zum Dunkel des irdischen Daseins zurück.

Der erste Teil ist eine »Betrachtung«, wie wir sie aus dem Buch der Sprüche kennen, der zweite ein Hymnus, der dann, wie häufig im Psalter, mit Bitten schließt. Inmitten des Dunkels und der Last der Bosheit, die den Menschen umgibt, hat Gott ein Licht aufstrahlen lassen (vgl. 2 Petr 1,19), das das Leben des Gott anhangenden Menschen reich und schön macht.

Die Gnade Gottes, das Glück seines Glücks (= »Licht«) macht »das Leben lebenswert«, nicht das Böse, das heimlich zum Herzen spricht.

Herr,
in unserem Dunkel
ist alles dunkel.
Alles matt, und blass,
und nur wie Schemen.

Aber in deinem Licht
ist alles klar,
und deutlich, und rein.

Dein Licht scheidet alle Dinge.
Scheidet Echtes vom Falschen,
Hinfälliges vom Ewigen,
Gespinste vom Sein.

Dein Licht ist wahr.

Und nur in deinem Licht ist
wahres Licht zu finden.

Psalm 36

Dem Musikmeister. Dem Knecht des Herrn.
Ein Davidslied.

2 Auflehnung raunt tief im Herzen des Frevlers. *
Kein Erschrecken vor Gott gibt es in seinen Augen.

3 Er sieht sich selbst zu schmeichelhaft, *
um seine Schuld zu finden und zu hassen.

4 Die Worte seines Mundes sind Unheil und Trug; *
er gab es auf, weise und gut zu handeln.

5 Unheil sinnt er auf seinem Lager, *
den unguten Weg betritt er, verwirft nicht das Böse.

6 Herr, deine Liebe reicht bis zum Himmel, *
deine Treue bis zu den Wolken.

7 Deine Gerechtigkeit steht wie die Berge Gottes, /
wie die große Flut sind deine Entscheide. *
Herr, du wirkst Heil für Menschen und Tiere.

8 Wie köstlich, o Gott, ist deine Liebe! *
Die Menschen bergen sich im Schatten deiner Flügel.

9 Sie laben sich am Überfluss deines Hauses, *
du tränkst sie mit dem Strom deiner Wonnen.

10 Denn bei dir ist die Quelle des Lebens, *
Licht schauen wir in deinem Lichte.

11 Erhalte deine Liebe denen, die dich kennen, *
und deine Gerechtigkeit den Menschen mit redlichen Herzen.

12 Nicht trete auf mich der Fuß des Stolzen, *
die Hand der Frevler soll mich nicht vertreiben.

13 Da! – Die Übeltäter brachen zusammen, *
sie wurden zu Fall gebracht und können nie wieder
aufstehn.

Psalm 39
Das »Maß meiner Tage« – Vom Leid menschlichen Daseins

Wie leicht wäre es zu leben, wenn die »Last Gottes« (I. F. Görres) nicht wäre! Wenn man seine Tage verbringen könnte, ohne dass die Schläge des Allwissenden unsere Sündhaftigkeit schmerzhaft ausgleichen und uns wieder ins Lot bringen würden!

»Schau weg von mir, dass ich heiter blicken kann« – ein seltsames Gebet, das, verglichen mit dem Ruf »Wende dich mir zu«, die ganze Widersprüchlichkeit des menschlichen Herzens offenbart. Gewiss, man weiß, dass die Zuchtrute Gottes ein Zeichen seiner Liebe ist, die nicht will, dass der Mensch an seinen bösen Illusionen zugrunde geht – aber man hält sie nicht aus. Zu einem »Hauch« würde der Mensch, einem »Schatten«, einem »Nichts«, wenn Gott kein Erbarmen hätte.

Scheuen wir uns nicht, dieses kindlich-naive Gebet nachzusprechen. Auch wir sind keine Helden, wenn sein »Schlag« uns trifft.

Wie ein Gast bin ich vor dir,
wie ein Fremder auf dieser Erde,
meiner kurzen Heimat.

Ein Hauch nur zwischen uralten Felsen,
ein Schatten im Sonnenaugenblick.
Eine Welle nur im Meer der Zeiten,
ein einzig Wort im Buch der Ewigkeit.

Ein Nichts in unmessbaren Räumen,
ein Nichts

und mache solchen Lärm.

Psalm 39
Dem Musikmeister. Für Jedutun. Ein Davidspsalm.

2 Ich sagte: »Meine Wege will ich bewahren, *
dass ich nicht sündige mit meiner Zunge.

Meinen Mund will ich mit einem Zaum verwahren, *
solange der Frevler vor mir steht.«

3 So verstummte ich denn und blieb still, /
ich schwieg – doch ohne Glück, *
denn immer heftiger wühlte der Schmerz.

4 Heiß wurde mir das Herz in der Brust, /
bei meinem Grübeln entbrannte ein Feuer, *
da ließ ich meine Zunge reden:

5 »Herr, lass mich doch wissen mein Ende, /
und welches das Maß meiner Tage ist, *
damit ich weiß, wie vergänglich ich bin!«

6 Siehe: Wenige Spannen lang machtest du meine Tage, /
meine Lebenszeit ist vor dir wie ein Nichts. *
Nur ein Hauch ist der Mensch, so fest er auch dasteht.

7 Nur wie ein Schemen geht der Mensch einher, /
nur ein Hauch ist, worum man Lärm macht. *
Man rafft zusammen und weiß nicht, wer einheimst.

8 Und nun, worauf soll ich harren, o Herr? *
Mein Hoffen, es gilt dir.

9 Von all meinen Sünden befreie mich; *
gib mich nicht preis dem Spott des Toren.

10 Ich bin verstummt, tu meinen Mund nicht auf, *
denn du hast es gefügt.

11 Nimm weg von mir deine Plage! *
Ich vergehe unter dem Angriff deiner Hand.

12 Du rügst und züchtigst den Menschen ob seiner Schuld, /
du zerstörst wie die Motte, was ihm lieb ist. *
Der Mensch – er ist nur ein Hauch.

13 Höre mein Beten, o HERR, /
vernimm mein Schreien, *
schweige nicht zu meinen Tränen.

Denn ich bin ja Gast bei dir, *
ein Beisasse wie all meine Väter.

14 Schau weg von mir, /
noch einmal lass mich froh sein, *
ehe ich davon muss und nicht mehr bin.

Psalm 42/43
Daheim beim Herrn!
Erinnerung und Sehnsucht

Dreimal ruft sich der Beter zu: »Harre auf Gott; denn ich werde ihm noch danken.« Er lebt in der Fremde, oben im Norden des Landes an den Jordanquellen, deren sprudelnde Wasser er bewundert und in deren sich überstürzenden Wellen er ein Bild seines Lebens erblickt. Könnte er doch zu Hause in Jerusalem sein, wo »sein Gott« und sein Volk ist, wo er sich nicht mehr den täglichen hämischen Angriffen seiner Umwelt ausgesetzt sieht! (Vgl. Ps 120)

In der Gewissheit, dass er irgendwann wieder einmal »zum Altar Gottes treten« darf, übersteht er seine augenblickliche Trübsal, dieses schmerzende innerliche Heimweh, das einen wahren Durst nach Gott in ihm aufbrechen ließ.

Ich singe ihm nachts.

Nachts singen?
In der Finsternis?
Singen, wo es nichts mehr
zu singen gibt?

In Bombennächten,
in Nächten des Weinens,
in all den Ausweglosigkeiten
dieser Fremde hier?

Der Glaube ist der Vogel,
der in der Nacht schon singt.

Weil er um den Morgen weiß.
Morgen!

Psalm 42/43

Dem Musikmeister. Ein Maskil.
Ein Lied der Söhne Korachs.

2 Wie die Hinde lechzt nach strömendem Wasser, *
so lechzt nach dir, o Gott, meine Seele.

3 Meine Seele dürstet nach Gott, /
nach Gott, dem Lebendigen. *
Wann darf ich kommen und vor Gottes Antlitz
erscheinen?

4 Tränen wurden mein Brot bei Tag und bei Nacht, /
denn man sagt zu mir alle Tage: *
»Wo ist nun dein Gott?«

5 Ich denke daran, und das Herz geht mir über: /
wie ich im Gedränge dahinschritt, *
ihnen vorauszog zum Hause Gottes

beim Schall des Jubels und Dankes, *
im Toben der feiernden Menge.

6 Was bist du so betrübt, meine Seele, *
und was tobst du in mir?

Harre auf Gott! /
Ich darf ihn wieder preisen, *
meinen Heiland und meinen Gott!

7 Betrübt ist meine Seele in mir, /
darum denke ich dein im Land des Jordan, *
vom Hermon her, vom Berge Mizar.

8 Flut ruft der Flut beim Tosen deiner stürzenden Wasser, *
all deine Wogen und Wellen gehen über mich hin.

9 Am Tage entbietet der HERR seine Huld, /
in der Nacht ist sein Lied bei mir, *
das Gebet zum Gott meines Lebens.

10 Ich sage zu Gott, meinem Fels: /
»Warum hast du mich vergessen? *
Warum geh ich trauernd einher, bedrängt vom Feind?«

11 Der Hohn meiner Gegner trifft mich bis ins Mark, /
denn sie sagen zu mir alle Tage: *
»Wo ist nun dein Gott?«

12 Was bist du so betrübt, meine Seele, *
und was tobst du in mir?

Harre auf Gott! /
Ich darf ihn wieder preisen, *
meinen Heiland und meinen Gott!

1 Schaffe mir Recht, o Gott, /
und führe meine Sache gegen ein treuloses Volk! *
Dem Mann des Trugs und des Unrechts lass mich
entrinnen!

2 Denn du bist der Gott meiner Zuflucht. /
Warum hast du mich verstoßen? *
Warum geh ich trauernd einher, bedrängt vom Feind?

3 Sende dein Licht und deine Treue: /
die sollen mich leiten, *
sie sollen mich führen zu deinem heiligen Berg
und zu deiner Wohnung.

4 Dann will ich hintreten zum Altare Gottes, *
zum Gott meiner jauchzenden Freude.

Auf der Harfe will ich dich preisen, *
Gott, du mein Gott!

5 Was bist du so betrübt, meine Seele, *
und was tobst du in mir?

Harre auf Gott! /
Ich darf ihn wieder preisen, *
meinen Heiland und meinen Gott!

Psalm 45
Ein königliches Hochzeitslied

Eines der größten Feste, die der königliche Hof erlebte, war eine Hochzeit. Aus diesem Anlass verfasste ein Dichter dieses »Liebeslied« (so die hebräische Überschrift), in welchem er zuerst die Schönheit und Stärke des Prinzen besingt und dann ein Wort an die Braut richtet, die aus dem ausländischen Tyrus gekommen war, um Königin des Volkes Israel zu werden.

Die eheliche Liebe deuteten schon die Propheten auf das innige Zueinander von Jahwe und seinem Volk (s. Hos 2,21j), erst recht sah die Urkirche darin ein Bild für das Verhältnis Christi zu seiner Kirche: Sie ist die »Braut des Lammes«, die sich schmückt für ihren Gemahl. (Siehe Offb 21,2; 22,17)

So wird auch die sakramentale Ehe als Heimstatt göttlicher Liebes- und Schöpferkraft zu einem »großen Geheimnis« (Eph 5,32), weil und wie die Kirche als erwählte Braut, die aus der Ferne kam, Christi Eigentum wurde, dessen Thron der Thron Gottes ist.

Ich weihe mein Lied dem König

Was ich bin und was ich habe,
was ich tu und was ich denke,
was ich schaue, was ich höre,
was ich gebe und verliere,
was ich lasse und empfange.

Mein ganzes Sein ist ein Gesang,
der so nur einmal, und
noch nie und niemals wieder
in Gottes großer Schöpfung
erklingen soll.
Ich weihe meinem König
dieses Lied!

Psalm 45
Dem Musikmeister. Auf »Lotosblüten«.
Ein Lied der Söhne Korachs. Ein Maskil.
Ein Liebesgesang.

2 Mein Herz wallt auf zu einem guten Wort, /
ich widme mein Gedicht dem König. *
Meine Zunge ist der Griffel eines flinken Schreibers.

3 Du bist der Schönste unter den Menschen, /
Anmut ist ausgegossen über deine Lippen, *
hat doch Gott dich gesegnet auf ewig.

4 Gürte, du Held, dein Schwert um die Hüfte, *
tritt auf mit deiner Pracht und Hoheit!

5 Mit Glück zieh aus für die Sache der Wahrheit, /
verhilf dem Gebeugten zum Recht: *
furchtbare Taten soll deine Rechte dich lehren.

6 Deine Pfeile sind scharf, dir unterliegen die Völker, *
mutlos werden die Feinde des Königs.

7 Dein Thron, du Göttlicher, steht für immer und ewig; *
ein Zepter der Geradheit ist das Zepter deines Königtums.

8 Du liebst Gerechtigkeit und hassest Frevel, /
hat Gott, dein Gott, dich doch gesalbt mit dem Öl des
Frohlockens *
wie keinen von deinen Gefährten.

9 Von Myrrhe, Aloë und Kassia duften all deine Kleider, *
aus dem Palast von Elfenbein erfreut dich Saitenspiel.

10 Die Königstochter steht da unter deinen Geliebten,
Gemahlin zu sein zu deiner Rechten *
im Schmuck des Goldes von Ofir.

11 »Höre, o Tochter, sieh her und neige dein Ohr, *
vergiss dein Volk und das Haus deines Vaters!

12 Der König verlangt nach deiner Schönheit, *
er ist ja dein Herr: vor ihm sollst du dich neigen.

13 Die Tochter Tyrus kommt mit Geschenken: *
um deine Gunst werben die Reichen des Volkes.«

14 Die Königstochter – lauter Herrlichkeit ist sie bei ihrem Einzug, *
in golddurchwirkten und bunt bestickten Gewändern.

15 Sie wird zum König geleitet,
Jungfrauen sind ihr Gefolge, *
ihre Freundinnen werden dir zugeführt.

16 Sie werden geleitet mit Freudenrufen und Jubel, *
sie ziehen ein in den Palast des Königs.

17 An die Stelle deiner Väter treten deine Söhne, *
du setzt sie ein als Fürsten über die Lande.

18 Deinen Namen will ich rühmen durch alle Geschlechter: *
so werden die Völker dich preisen auf immer und ewig.

Psalm 48
Preis dem Zion und seinem Gott

In großartigen mythischen Bildern wird anlässlich einer Prozession durch Jerusalem die Herrlichkeit der Gottesstadt besungen: Sie ist die Stadt der Städte, weil Jahwe, der dort seinen »erwählten Ruheort« (vgl. Dtn 12,1–14) gefunden hat, der Gott der Götter ist. Mögen ganze Völker gegen den heiligen Berg anstürmen – die »Stadt Gottes« ist unbesiegbar!

So einleuchtend dieser Gedanke ist, das Selbstvertrauen seiner sündigen Bewohner rechnete nicht mit der Größe Gottes, der keine irdische Größe braucht, um seinen Namen zu verherrlichen. Die Drohpredigten der Propheten (so etwa Jer 7,1–15) sind in Erfüllung gegangen: Jahwe zerschlug das Haus, das »voll Glorie« schaute, weil der Mensch sich daran versündigt hatte.

Meine Gedanken sind nicht eure Gedanken.
Meine Kirche ist nicht eure Kirche.

Ich kenne wohl eure guten Gedanken,
eure frommen Wünsche und Opfer und
alles, was eure aufrichtige Liebe tut:

Dass die Kirche, eure Kirche glänzend
dastehe, glänzend, als geehrte
Gottesstadt vor aller Welt.

Ich weiß das alles, und freue mich
eures Eifers. Aber meine Kirche ist
die Kirche meines Gekreuzigten.

Psalm 48

Ein Gesang. Ein Psalm. Ein Lied der Söhne Korachs.

2 Groß ist der Herr und hoch zu preisen *
in der Stadt unseres Gottes.

3 Sein heiliger Berg, die herrliche Höhe, *
ist die Wonne der ganzen Erde.

Der Berg Zion, weit im Norden, *
ist die Stadt des großen Königs.

4 In ihren Palästen *
hat Gott als sicherer Schutz sich erwiesen.

5 Denn siehe: Die Könige traten zusammen, *
gemeinsam rückten sie näher.

6 Sie sahen auf, – da erstarrten sie, *
gerieten in Angst, flohen vor Schrecken.

7 Beben erfasste sie dort *
wie die Wehen eine Gebärende.

8 Mit dem Sturm aus dem Osten *
zerschmetterst du die Schiffe von Tarschisch.

9 Wie wir's gehört, so haben wir's gesehen *
in der Stadt des Herrn der Scharen,

in der Stadt unseres Gottes: *
Gott hat sie befestigt auf ewig.

10 Wir bedenken, o Gott, deine Huld *
inmitten deines Tempels.

11 Wie dein Name, o Gott, /
so reicht dein Ruhm bis an der Erde Grenzen. *
Voll der Gerechtigkeit ist deine Rechte.

12 Es freue sich der Zionsberg, /
jubeln sollen die Töchter Judas *
über deine Gerichte.

13 Umkreist den Zion und umschreitet ihn, *
zählt seine Türme.

14 Betrachtet seine Wälle, /
schreitet durch seine Paläste, *
damit ihr künden könnt dem kommenden Geschlechte:

15 Das ist Gott, unser Gott auf immer und ewig! *
Er selber wird uns führen.

Psalm 49
»Der Tod machet alles gleich«

»Gevatter Tod« – unseren Vorfahren ein vertrauter Gesell – könnte fast diesen Psalm geschrieben haben, um die Menschen zu mahnen:

Memento mori! Denk daran, dass auch du einmal sterben musst, dass alles Schuften und Scheffeln vergeblich ist, dass all Pracht und Prangen zerfällt und der Mensch wie ein Stück Vieh verwest. (Vgl. Koh 3,19f)

Und doch: Wie eine schmale Lichtspur im Alten Testament, so sagt unser Psalm den kostbaren Gedanken aus: Es gibt eine Erlösung aus dem Totenreich. Nur äußerlich zerfällt der Mensch im Tod, sein innerstes und lebendigstes Ich aber kann nicht sterben. Es findet seine Heimat bei dem, der gesagt hat: »Ich bin ein Gott der Lebenden und nicht der Toten.«

Was nützt es dem Menschen,
wenn er die ganze Welt gewinnt –
sich selbst aber dabei verliert?

Was nützt es dem Menschen,
wenn er die ganze Welt verliert,
und seine Seele dabei findet?

Alles und nichts
Gott und Welt und Seele

Wer findet, verliert,
wer verliert, findet –
und all dies in Gott
ihn und sich und in ihm
und in sich – eine ganze Welt!

Psalm 49
Dem Musikmeister. Ein Lied der Söhne Korachs. Ein Psalm.

2 Hört dies an, ihr Völker alle, *
lauscht, ihr Bewohner der Welt,

3 ihr Leute vom Volk, ihr Leute vom Adel, *
Reiche und Arme zusammen!

4 Mein Mund spricht Weisheit, *
das Sinnen meines Herzens ist Einsicht.

5 Zu einem Spruch neig ich mein Ohr, *
ich löse mein Rätsel auf beim Harfenspiel.

6 Was soll ich mich fürchten in Tagen des Unheils, *
wenn mich der Frevel von Betrügern umgibt,

7 die auf ihr Vermögen vertrauen *
und sich ihres großen Reichtums rühmen.

8 Doch loskaufen kann sich keiner, /
keiner kann Gott sein Lösegeld geben – *
9 für sein Leben ist jeder Kaufpreis zu hoch.

10 Für immer muss er davon abstehn,
dass er auf ewig weiterlebt, *
dass er niemals das Grab schaut.

11 O nein, er schaut es! /
Weise sterben – mit Tor und Narr zusammen gehn sie zugrunde, *
sie lassen ihr Vermögen andern.

12 Sie meinen, ihre Häuser stehen auf ewig, /
ihre Wohnungen von Geschlecht zu Geschlecht: *
hatten sie doch Länder nach ihren Namen benannt.

13 Der Mensch in seiner Pracht – er bleibt nicht, *
er gleicht dem Vieh, das man stumm macht.

14 So geht es ihnen! Sie sind voller Torheit. *
Und die an ihren Lippen hängen, müssen ihnen nach.

15 Wie eine Herde trotten sie zur Unterwelt, /
auf die Weide führt sie der Tod. *
Die Gerechten herrschen über sie am Morgen.

Ihre Gestalt zerfällt in der Unterwelt, *
fern von ihren Palästen.

16 Gott aber kauft mich los aus der Gewalt der Unterwelt, *
ja, er nimmt mich auf.

17 Fürchte dich nicht, wenn einer reich wird, *
wenn die Herrlichkeit seines Hauses sich mehrt.

18 Denn im Tod nimmt er das alles nicht mit, *
seine Herrlichkeit folgt ihm nicht hinab.

19 Mag er sich glücklich preisen, solange er lebt: *
»Man lobt dich, weil du dir's wohl sein lässt«,

20 er kommt dennoch zum Geschlecht seiner Väter hinab, *
zu jenen, die niemals mehr das Licht sehn.

21 Der Mensch in seiner Pracht – er hat keine Einsicht, *
er gleicht dem Vieh, das man stumm macht.

Psalm 50
Der wahre Gottesdienst

Der Gottesdienst des Alten Bundes hatte die menschliche Größe, sich selbst zu kritisieren und in Frage zu stellen. Es konnte geschehen, dass ein Prophet wie Jeremia oder Amos dabei auftrat und den Gottesdienstbesuchern gründlich die Feststimmung verdarb.

So ruft der Prediger des Psalm 50 zunächst den »Gerichtsgott« in Erinnerung (der etwas anderes ist als der »liebe Gott«) und mahnt, sich die Verpflichtungen wieder vor Augen zu führen, die man beim Bundesschluss auf sich genommen hatte:

Es ist völlig wertlos, die Gebote aus dem Beichtspiegel (siehe Ps 15 und 24) hersagen zu können und eine grandiose Liturgie aufzuziehen, wenn das tägliche Leben nicht damit übereinstimmt.

Opfer und Gottesdienste sind gut, wenn sie äußerer Ausdruck der Herzensgesinnung sind. Wenn man aber nur »persolviert« und den Gottesdienst am Nächsten vergisst, dann ist alles ein »Theater«, das Gott im Tiefsten verhasst ist.

Höre, mein Volk, auf meine Rede,
vernimm, Israel, meine Klage!

Was hast du, das ich nicht gegeben,
was bist du, das ich nicht geschaffen?
Was schaust du, das ich nicht
hingebreitet habe vor dir?

O Israel, mein geliebtes Volk!
Und du Kirche, meine Erwählte aus der Welt!
Was ist dein Stolz und deine Würde?

Gib mir dein Herz. Denn nur ich allein
darf dein Gott sein,
und das Wort in deinen Ohren!

Ich, und kein Gott neben mir!

PSALM 50
EIN ASAFPSALM.

Es spricht der HERR, der Gott der Götter, /
er ruft die Erde *
vom Aufgang der Sonne bis zum Untergang.

2 Vom Zion her, der Krone der Schönheit, *
zeigt Gott sich in strahlendem Glanze.

3 Unser Gott kommt, er kann nicht schweigen: *
Feuer frisst vor ihm her, rings um ihn stürmt es gewaltig.

4 Den Himmel droben ruft er auf und die Erde *
zum Gericht an seinem Volke.

5 »Versammelt mir meine Frommen, *
die den Bund mit mir schlossen beim Opfer!«

6 Die Himmel sollen seine Gerechtigkeit künden: *
Gott selbst ist der Richter.

7 »Höre, mein Volk, ich will reden, /
Israel, ich will gegen dich zeugen, *
ich, Gott, der ich dein Gott bin.

8 Nicht deiner Opfer wegen klag ich dich an, *
deine Brandopfer sind mir ja immer vor Augen.

9 Doch ich nehme keinen Farren aus deinem Hause, *
noch Böcke aus deinen Hürden.

10 Mein ist ja alles Getier des Waldes, *
zu Tausenden mein das Wild auf den Bergen.

11 Die Vögel der Berge, ich kenne sie alle, *
was sich regt auf dem Feld, ist mein Eigen.

12 Hätte ich Hunger, ich bräuchte es dir nicht zu sagen, *
denn mein ist der Erdkreis und seine Fülle.
13 Esse ich denn das Fleisch von Stieren, *
trinke ich das Blut von Böcken?

14 Bringe Gott Lobpreis als Opfer dar, *
erfülle dem Höchsten deine Gelübde!

15 Rufe mich an am Tag der Drangsal, *
ich werde dich retten, und du wirst mich ehren!«

16 Zum Frevler aber sagt Gott: /
»Was soll's, dass du meine Satzungen aufzählst *
und meinen Bund im Mund führst?

17 Dabei ist Zucht dir verhasst, *
und meine Worte wirfst du hinter dich.

18 Siehst du einen Dieb, gehst du mit ihm, *
mit Ehebrechern hast du Gemeinschaft.

19 Du lässt deinen Mund sich in Bosheit ergehen, *
und deine Zunge stiftet Betrug an.

20 Du setzt dich hin und redest gegen deinen Bruder, *
auf den Sohn deiner Mutter häufst du Verleumdung.

21 Das hast du getan, und ich soll schweigen? /
Meinst du, ich sei wirklich wie du? *
Ich klage dich an, ich stelle es dir vor Augen.

22 Ihr Gottvergessenen, seht es doch ein! *
Sonst zerreiße ich, und niemand rettet! –

23 Es ehrt mich, wer als Opfer Lobpreis darbringt, *
er bereitet den Weg, auf dem ich Gottes Heil ihm zeige.«

Psalm 51
Miserere! Die Misere der Sünde

Es ist schwer für den Menschen, seine Sünde einzusehen und zugeben zu wollen. Aber bisweilen kommt sie so furchtbar über ihn, dass der Abgrund, der in ihm steckt, aufgerissen wird und er sich seiner ganzen »Erbärmlichkeit« bewusst wird, ohne noch Ausflüchte und Entschuldigungen finden zu können.

Da heißt es: sich nicht verhärten und aus echten Sünden keine »Charakterschwächen« machen oder sich noch großartig vorkommen, weil man eben »auf der Höhe der Zeit« ist, sondern Gott ganz unkompliziert um Verzeihung bitten.

Dann stellt Gott die ursprüngliche Reinheit der Taufgnade wieder her, er, der als »Entgegenkommen« kein Tieropfer will, sondern ein demütiges Herz, das sich seiner ganzen Angewiesenheit auf einen gnädigen Gott bewusst ist.

Nimm niemals von mir
deinen heiligen Geist,
du Heiliger Geist.

Lass nicht zu,
dass ich mich jemals trenne von dir,
dem lebensspendenden Geist.

Lass nicht zu,
dass ich dich fühllos betrübe,
du meines Geistes klarer Geist.

Lass niemals zu,
dass ich dich je vertausche
gegen den Geist der Unterwelt.

Du geistige Süße,
geistlich Gut,
du gebende Gabe:

Heiliger Geist.

Psalm 51

Dem Musikmeister. Ein Davidspsalm.

2 Als zu ihm ging Nathan der Prophet,
nachdem er zu Batseba gegangen war.

3 Sei mir gnädig, o Gott, nach deiner Güte, *
in der Fülle deines Erbarmens tilge meine Frevel.

4 Wasche die Schuld ganz von mir ab *
und reinige mich von meiner Sünde.

5 Denn meine Frevel erkenne ich, *
und meine Sünde steht mir immer vor Augen.

6 Gegen dich allein hab ich gesündigt, *
ich habe getan, was vor dir böse ist.

So hast du recht mit deinem Urteil, *
bleibst lauter in deinem Richtspruch.

7 Zwar bin ich in Schuld geboren, *
in Sünde bin ich, seit mich die Mutter empfing,

8 doch an Wahrheit im Innersten hast du Gefallen, *
im Geheimen lehrst du mich Weisheit.

9 Entsündige mich mit Ysop, so werde ich rein, *
wasche mich, so werde ich weißer als Schnee.

10 Lass mich Jubel und Freude erfahren! *
Frohlocken sollen die Glieder, die du zerschlagen.

11 Verbirg dein Angesicht vor meinen Sünden, *
tilge all meine Schuld!

12 Ein reines Herz erschaff mir, o Gott; *
den festen Geist erneuere in meinem Innern!

13 Verwirf mich nicht von deinem Angesicht, *
und nimm mir nicht deinen heiligen Geist!
14 Aufs Neue schenke mir die Freude deines Heiles, *
der Geist der Großmut stütze mich!

15 Dann will ich Frevler deine Wege lehren, *
damit die Sünder sich zu dir bekehren.

16 Entreiß mich der Blutschuld, /
o Gott, du Gott meines Heiles, *
dann wird meine Zunge über deine Gerechtigkeit jubeln.

17 Herr, öffne meine Lippen, *
damit mein Mund dein Lob verkünde!

18 Denn Schlachtopfer willst du nicht, ich würde sie geben; *
an Brandopfern hast du kein Gefallen.

19 Das Opfer für Gott ist ein zerbrochener Geist, *
ein zerbrochenes und zerschlagenes Herz
wirst du, o Gott, nicht verschmähen.

20 In deiner Huld tu Gutes an Zion, *
erbaue Jerusalems Mauern!

21 Dann hast du Freude an rechten Opfern, /
dann nimmst du Brandopfer und Ganzopfer an, *
dann bringt man Stiere dar auf deinem Altar.

Psalm 55
Nur Gott ist der Treue

Ist es nicht so, dass man bisweilen »auf und davon« möchte? Dass Tage und Wochen kommen, an denen es »knüppeldick« auf einen herunterprasselt? Wenn man dann noch in einer hinterhältigen, gehässigen Gesellschaft lebt, die ihre ganze Wonne in niedrigstem Klatsch erfährt, dann wird das Dasein zur Qual.

Wenn aber jener Mensch, dem man sein ganzes Vertrauen geschenkt hatte und dessen Freundschaft einem so viel bedeutete, nun plötzlich zu jenem gefühllosen Haufen überläuft – dann bleibt nur noch das stille, starke Gebet in der verschlossenen Kammer und all die Sorgen, die man nicht mehr mit ihm teilen kann, »auf jenen zu werfen« (vgl. 1 Petr 5,7), der uns auch dann nicht im Stich lässt, »wenn alle untreu werden«.

Freundschaft,
tiefes, liebendes Vertrauen.
»Du« sagen dürfen ohne Angst.
Ein »Du« empfangen dürfen, das
wie eine Heimat ist –

Und sei's auch nur
einen Gedanken lang ...

Und dann:
Du gehst, als wärest du
nie gekommen.
Und lässt in kalter Leere
mich zurück.
Dass solches geschehen darf,
Herr.

Sei still, mein Herz.

Psalm 55

Dem Musikmeister. Mit Saitenspiel.
Ein Davids-Maskil.

2 Vernimm, o Gott, mein Gebet, /
verbirg dich nicht vor meinem Flehen! *
3 Achte auf mich und gib mir Antwort!

Klagend und seufzend irre ich umher *
4 vor dem Geschrei des Feindes, unter dem Druck
des Frevlers.

Denn sie bringen mich durch Unrecht ins Wanken, *
und sie beschuldigen mich wütend.

5 Das Herz bebt mir in der Brust, *
mich überfallen die Schrecken des Todes.

6 Furcht und Zittern überkommt mich, *
und es bedeckt mich Entsetzen.

7 Da sage ich: »Hätt' ich doch Flügel wie die Taube, *
ich flöge davon und fände Geborgenheit.

8 Weit fort würde ich fliehen *
und mich niederlassen in der Wüste.

9 Ich fände für mich eine Zuflucht *
vor Sturm und Gewitter.«

10 Verwirre, Herr, mach uneins ihre Sprache! *
Denn in der Stadt sehe ich Streit und Gewalttat,

11 Tag und Nacht machen sie auf ihren Mauern die Runde. *
Mitten in ihr ist Quälerei und Unrecht,

12 mitten in ihr herrscht Verderben, *
nicht weichen von ihrem Markt Betrug und Erpressung.

13 Denn nicht ein Feind beschimpft mich *
– das könnte ich ertragen,

nicht einer, der mich hasst, tritt groß gegen mich auf *
– vor ihm könnte ich mich verbergen.

14 Nun aber bist du es, ein Mensch meines Standes, *
mein Freund und mein Vertrauter.

15 Wir haben doch unsre Gemeinschaft genossen, *
wir gingen im Hause Gottes umher in wogender Menge.

16 Verderben komme über sie, /
lebendig sollen sie hinab zur Unterwelt! *
Denn Bosheit wohnt in ihren Häusern und Herzen.

17 Ich aber, zu Gott will ich rufen, *
und der HERR wird mir helfen.

18 Am Abend, am Morgen, am Mittag
will ich klagen und seufzen, *
und er wird meine Stimme hören.

19 Er erlöst mich, /
vor Angriffen bin ich in Sicherheit, *
denn viele stehen mir zur Seite.

20 Gott wird mich hören und die Feinde beugen, *
er, der da thront seit Anbeginn.

Denn sie wollen sich nicht ändern *
und wollen Gott nicht fürchten.

21 Jener Mensch legt Hand an seine Freunde, *
seinen Bund entweiht er.

22 Glatt wie Butter ist die Rede seines Mundes, *
aber sein Herz denkt an Angriff,

linder als Öl sind seine Worte, *
und sind doch gezückte Dolche.

23 Wirf deine Last auf den HERRN, /
er selber wird für dich sorgen. *
Niemals lässt er den Gerechten wanken.

24 Denn du, o Gott, du wirfst sie hinab in den
gähnenden Abgrund. /
Gewalttätige und Betrüger erreichen nicht
die Hälfte ihrer Tage. *
Ich aber, ich setze auf dich mein Vertrauen.

Psalm 57
Bitte und Dank eines ungerecht Verfolgten

Unser Psalm ist eines jener Gebete, die ein Mensch ausspricht, der im Tempel vor seinen Anklägern um den Schutz der heiligen Asylie bittet (wie man im Mittelalter in eine Kirche floh und den Altar berührte): So ist er zunächst vor seinen Verfolgern gerettet, bis ein Gottesurteil zwischen ihnen und ihm entscheidet. (Vgl. 1 Kön 1,49–53)

Bemerkenswert ist das Danklied, das der Beter am Morgen anstimmt, nachdem ein (wohl nächtliches) Gottesurteil seine Unschuld erwiesen hatte. Die Freude über die Erlösungstat Gottes lässt ihn nicht »ausschlafen«: Noch vor Tagesanbruch weckt er mit seinem Gesang die Morgenröte und preist seinen Schöpfer, während andere noch schlummern ...

Was schläfst du, meine Seele,
was bist du so müde, so starr,
was bist du so traurig und träge?
Ach, meine Seele, was ist nur mit dir?

Könnt ich doch nur fort,
fort von dir, meine Seele!

Wach auf, meine Seele!
Sing doch und spiele,
lache und tanz mir im Leibe:

Sieh, wie die Morgensonne
und alle Kreatur
und alles liebe Leben
sich erhebt und erwacht –

Und du liegst und schläfst,
meine Seele, in solcher Stunde?

Psalm 57

Dem Musikmeister. »Verdirb nicht!« Ein Davidslied. Ein Miktam. Als er vor Saul floh. In der Höhle.

2 Sei mir gnädig, o Gott, sei mir gnädig, *
denn bei dir suche ich Zuflucht.

Ich flüchte in den Schatten deiner Flügel, *
bis das Unheil vorüber ist.

3 Ich rufe zu Gott, dem Höchsten, *
zu Gott, der mir beisteht.

4 Er sende mir Hilfe vom Himmel, /
– es höhnt mein Bedränger! – *
Gott sende seine Liebe und Treue!

5 Ich muss mitten unter Löwen lagern, *
die gierig auf Menschen sind.

Ihre Zähne sind Spieße und Pfeile, *
ein geschliffenes Schwert ihre Zunge.

7 Sie legten ein Netz meinen Schritten und beugten mich, /
sie schaufelten mir eine Grube *
– und sind selber hineingestürzt.

6 Erhebe dich über die Himmel, o Gott! *
Deine Herrlichkeit überstrahle die ganze Erde!

8 Mein Herz ist bereit, o Gott, /
mein Herz ist bereit. *
Ich will singen und spielen.

9 Wach auf, meine Seele! /
Harfe und Leier, wacht auf! *
Ich will das Morgenrot wecken.

10 Ich will dich preisen, Herr, unter den Völkern, *
dir vor den Nationen lobsingen.

11 Denn deine Liebe reicht bis zum Himmel *
und deine Treue bis zu den Wolken.

12 Erhebe dich über die Himmel, o Gott! *
Deine Herrlichkeit überstrahle die ganze Erde!

Psalm 62
Die Macht des Gottvertrauens

Was nützen Wertpapiere und Investitionen, was ein einflussreicher Mann, auf den man sein Vertrauen setzt? Kommt eine Inflation, wird eine Regierung gestürzt, ist alles über Nacht dahin.

Der Mensch ist ein Atemhauch, ein Nichts. Gott aber ist ein Fels! Auf ihn kann man »bauen«. Auf unserer ewigen Suche nach einem bleibenden Halt und einem bleibenden Glück sind wir auf Gott verwiesen. Was gestern noch fest in unserer Hand war, ist heute schon zerronnen, was wir heute ergreifen, ist morgen zerfallen ...

Unzufrieden ist unser Herz und ruhelos, bis es endlich Dich erreicht – Dich das Alles.
Und ruhen darf in Dir.

Was bin ich – vor mir?
Eine Mauer, ein Baum, ein
stehendes Selbst?

Was bin ich – vor dir?
Was wäre ich – ohne dich?

Was anderes als
eine Wand, die jederzeit
fallen, ein Ast, der jederzeit
brechen kann ...
Ein Stand-Punkt nur
auf schwachem Fundament.

Du aber bist ein Fels, eine Stütze
eine Basis,
die meine Mauer hält.

Psalm 62

Dem Musikmeister. Auf »Jedutun«. Ein Davidspsalm.

2 Nur zu Gott hin wird meine Seele still, *
von ihm allein kommt mir Hilfe.

3 Nur er ist mein Fels und meine Hilfe, *
meine Burg, – ich werde nicht wanken.

4 Wie lange berennt ihr alle den einen, /
ihn zu fällen wie eine schwankende Wand, *
wie eine Mauer, die einstürzt?

5 Ja, von seiner Höhe wollen sie ihn stoßen, *
sie haben Gefallen am Lügen.

Sie segnen mit ihrem Mund, *
im Herzen aber fluchen sie.

6 Nur zu Gott hin werde still, meine Seele, *
denn von ihm kommt mir Hoffnung.

7 Nur er ist mein Fels und meine Hilfe, *
meine Burg, – ich werde nicht wanken.

8 Auf Gott ruht mein Heil und meine Ehre, *
Gott ist mein schützender Fels, meine Zuflucht.

9 Vertraue ihm, o Volk, zu jeder Zeit! /
Schüttet vor ihm euer Herz aus! *
Denn Gott ist unsere Zuflucht.

10 Nur ein Hauch sind die Menschen, *
nur Trug sind die Mächtigen.

Sie schnellen empor auf der Waage, *
leichter als ein Hauch sind sie alle.

11 Vertraut nicht auf Gewalt, /
und setzt nicht leere Hoffnung auf Raub! *
Wenn der Reichtum wächst, so hängt nicht
euer Herz daran.

12 Eines hat Gott gesagt, – zwei Dinge habe ich gehört: /
Die Macht ist bei Gott
13 und bei dir, Herr, die Liebe, *
denn du wirst jedem nach seinem Tun vergelten.

Psalm 63
Das Hohe Lied der Gottesliebe

Das mystische Leben – ist es etwas so seltenes? Nur etwas für »auserwählte Seelen«? Ist es tatsächlich nur wenigen geschenkt, dieses Liebeslied der Gottessehnsucht in seinen letzten Tiefen zu verstehen und nachzuvollziehen, was ein unbekannter Mensch vor Jahrtausenden empfunden hat? Dürsten, schmachten nach Gott? Unruhig sein, bis das Herz ruht in ihm, dem »Ein und Alles«?

Je mehr wir dies nachsprechen und nachleben, was es heißt: Deine Gnade ist mehr als alles Leben, mehr als diese »Welt« in ihrer Gier, ihrem armseligen Haschen und Jagen – desto mehr wird unser Glauben zum »Schauen« hier schon auf Erden und wir erleben in uns, wie der Mund jener gestopft wird, die unaufhörlich vom »Glück« des Menschseins reden.

»Nur deine Liebe schenke mir mit deiner Gnade. Dann bin ich reich genug und suche nichts weiter.« (Ignatius von Loyola)

Deine Huld ist besser als das Leben:
deine Gnade, deine Liebe,
deine holde Gegenwart –
mehr als alles in der Weh.

Ja, und deine Gnade ist mein Leben
und das Leben meines Lebens.
Ist lebendiges Wasser,
nach dem meine Seele dürstet.

Herr, ob ich's weiß und fühle:
Meine Seele und mein Leben
hängt an dir, hängt ab von dir,
ganz und gar.

Psalm 63
Ein Davidspsalm. Als er in der Wüste Juda war.

2 Gott, du mein Gott, dich suche ich, *
nach dir dürstet meine Seele.

Nach dir schmachtet mein Leib *
wie dürres, lechzendes Land ohne Wasser.

3 So schaue ich dich im Heiligtum *
und sehe deine Macht und deine Herrlichkeit.

4 Ja, deine Liebe ist besser als das Leben. *
Meine Lippen sollen dich rühmen!

5 So will ich dich preisen mein Leben lang, *
in deinem Namen meine Hände erheben.

6 Wie an Fett und Mark wird satt meine Seele. *
Mein Mund singe Lob mit jubelnden Lippen!

7 Wenn ich an dich denke auf meinem Lager, *
sag ich von dir in nächtlichem Wachen:

8 »Du wurdest meine Hilfe, *
im Schatten deiner Flügel darf ich jubeln;

9 an dir hängt meine Seele, *
mich hält deine Rechte.«

10 Die mir nachstellen, um mich zu verderben, *
sie müssen hinab in die Tiefen der Erde.

11 Der Gewalt des Schwertes gibt man sie preis, *
den Schakalen werden sie zur Beute.

12 Der König aber freue sich an Gott! /
Wer bei ihm schwört, darf sich rühmen. *
Doch allen Lügnern wird der Mund geschlossen.

Psalm 67
Erntedank –
Alle Welt preist ihren Schöpfer

Gott »krönt« das Jahr mit der Pracht der Gaben, die der Sommer hervorgebracht hat. Berge und Täler »jubeln« in ihrer herbstlichen Schönheit.

Stellvertretend für alle Welt preist Israel seinen Gott, der eine gute Ernte gegeben hat: Sichtbar hat dieses Volk wieder einmal den Segen Gottes erfahren dürfen, der auf seinem Land ruht. (Vgl. Ps 65)

Die Verheißung, die den Vätern im »Aaronssegen« (Num 6,24–26) gegeben wurde, hat sich erfüllt. Gott »lässt sein Antlitz leuchten« (das heißt, er ist freundlich gesonnen) über seinem Volk. Nun gilt es für alle Welt, die sichtbare Spur seines Heils in den Gaben der Erde zu erkennen.

Der Regen bringt Segen.
Sich regen bringt Segen.

Segen von oben,
Segen von unten,
Segen aus Gottes Kammern.

Gott segnet die Saaten,
Gott segnet den Fleiß:

An Gottes Segen
ist alles gelegen.

Psalm 67

Dem Musikmeister. Mit Saitenspiel.
Ein Psalm. Ein Gesang.

2 Gott sei uns gnädig und segne uns! *
Er lasse sein Angesicht über uns leuchten,

3 dass man auf Erden seinen Weg erkenne, *
sein Heil unter allen Völkern.

4 Die Völker sollen dir danken, o Gott, *
danken sollen dir die Völker alle!

5 Die Nationen sollen sich freuen und jubeln! /
Denn du richtest die Völker nach Recht *
und lenkst die Nationen auf Erden.

6 Die Völker sollen dir danken, o Gott, *
danken sollen dir die Völker alle!

7 Das Land gab seinen Ertrag. *
Es segne uns Gott, unser Gott!

8 Es segne uns Gott! *
Alle Enden der Erde sollen ihn fürchten!

Psalm 71
Gebet eines alten Menschen

Das Alter, das nicht mehr in allem mithalten kann, ist eine schwere Zeit für den Menschen. Es fehlt nicht an solchen, die ihn ins Unglück stoßen wollen, ihn verachten und »abschreiben«. Gewiss kann die innere Nähe zu Gott wachsen, es kann aber auch eine lastende »Ferne« entstehen.

Da naht die Verbitterung, wenn man in der Menschengemeinschaft, in der man steht, als überflüssig, ja als nicht mehr lebenswert empfunden wird. Nimmt die Nähe zum Menschen ab, so möge die Nähe zu Gott, das innere Verhältnis zu ihm, sich vertiefen: Das ist unsere Fürbitte in diesem Psalm für die alten Menschen.

Dunkler wird alles um mich her
und meinen Leib trage ich
wie eine Last.

So vieles ist da, was meinen Rücken
beugt, und wie in eine Ferne ist
alles gezogen.

Die Menschen von damals sind tot,
und die Jungen um mich herum,
sie leben in ihren Gedanken,
in ihrer Gesundheit, ihrer Kraft.

Nur du bist noch da,
Gott meiner Jugend,
Gott meiner späten Tage.

Psalm 71

1 Bei dir, o Herr, suche ich Zuflucht, *
lass mich nicht zuschanden werden in Ewigkeit!

2 In deiner Gerechtigkeit reiß mich heraus
und befreie mich, *
neige dein Ohr mir zu und rette mich.

3 Sei mir ein bergender Felsen, *
zu dem ich allzeit kommen darf.

Du hast entschieden, mich zu retten, *
du bist ja mein Fels und meine Feste.

4 Mein Gott, befreie mich aus der Hand des Frevlers, *
aus der Faust des Schurken und Bedrückers!

5 Du bist ja meine Hoffnung, o Herr, *
Herr, meine Zuversicht von Jugend auf.

6 Vom Mutterschoß an stütz ich mich auf dich, /
vom Mutterleibe an bist du mein Helfer. *
Allezeit gilt dir mein Lobpreis.

7 Für viele ward ich zum Zeichen, *
denn du bist meine starke Zuflucht.

8 Mein Mund ist erfüllt von deinem Lobpreis, *
den ganzen Tag ist er voll deines Ruhmes.

9 Verwirf mich nicht im Alter, *
verlass mich nicht, wenn meine Kräfte schwinden!

10 Denn meine Feinde reden gegen mich, *
die mich belauern, beraten sich gemeinsam,

11 sie sagen: »Gott hat ihn verlassen! /
Verfolgt und ergreift ihn! *
Es gibt für ihn keinen Retter.«

12 O Gott, bleib doch nicht fern von mir! *
Mein Gott, eile mir zu Hilfe!

13 Es sollen in Schande vergehen *
alle, die mich befehden!

In Schmach und Schimpf sollen sich kleiden, *
die mein Unglück suchen!

14 Doch ich, ich will allezeit hoffen, *
all deinen Lobpreis noch mehren.

15 Mein Mund soll erzählen von deiner Gerechtigkeit, /
den ganzen Tag von deiner rettenden Hilfe. *
Ich kann sie nicht ermessen.

16 Ich komme, die machtvollen Taten des Herrn zu preisen, *
an deine Gerechtigkeit allein, o HERR, will ich erinnern.

17 O Gott, du hast mich gelehrt von Jugend auf, *
und bis heute darf ich von deinen Wundern künden.

18 Auch wenn ich alt und grau bin, *
o Gott, verlass mich nicht,

damit ich diesem Geschlecht künde von deinem Arm, /
allen kommenden von deiner Großtat, *
19 von deiner Gerechtigkeit, o Gott, die bis zum Himmel reicht.

Der du Großes vollbracht hast, *
wer ist wie du, o Gott?

20 Viel Not und Unheil ließest du mich schauen. /
Du wirst mich neu beleben, *
du führst mich wieder herauf aus den Tiefen der Erde!

21 Bring mich wieder zu Ehre und Ansehn! *
Wende dich her und tröste mich.

22 Dann will auch ich dir danken mit Saitenspiel *
und deine Treue preisen,

mein Gott, du Heiliger Israels, *
auf der Harfe will ich dir spielen.

23 Ja, ich will dir singen und spielen, /
jubeln sollen meine Lippen *
und meine Seele, die du erlöst hast.

24 Den ganzen Tag soll meine Zunge von deiner
Gerechtigkeit murmeln: *
sind doch zuschanden und beschämt,
die mein Unglück suchten.

Psalm 77
»Denk ich an Gott, muss ich seufzen«

Gott ist und bleibt, auch den Menschen des Neuen Bundes, ein dunkles Geheimnis. Auch für ihn kommen Zeiten im Leben, wo er ihn nicht mehr »spürt«, wo seine Gnade so fern zu sein scheint, dass man sich »auf ewig verstoßen« glaubt, ja dass man an seiner Existenz zu zweifeln beginnt. (Vgl. Ps 22)

Da hilft nur noch eines: Sich der Gnadentage früherer Zeiten zu erinnern, der Tage, an denen man sich Gott so nahe wusste, dass es nur noch eines Schrittes bedurft hätte, und man wäre ihm gegenübergestanden ...

Was für Israel in schwerer Zeit ein Halt war, bleibt auch uns eine Möglichkeit: sich wenigstens das Glück von einst und die darin erfahrene Gegenwart Gottes wieder wachzurufen und aus der Kraft dieser Erinnerung die momentane Durststrecke zu überleben.

Dein Weg, Gott, ist heilig.
Dein Pfad geht über die Wasser
und niemand sieht deine Spuren ...

Schiffe hinterlassen keine Spur.
Im Kiel schließt sich das Wasser,
als wäre es nie geteilt worden.

Der Ewige wandert durch die Zeiten,
und der Transzendente wandelt
durch den Garten der Welt
aber nichts und niemand vermag
ihn zu fassen.

Das ist des Heiligen Weg:
Unsichtbare tiefe Gegenwart.
Er in allem überall. Gott ist da.

Psalm 77

Dem Musikmeister. Auf »Jedutun«.
Ein Asaflied. Ein Psalm.

2 Ich rufe zu Gott, ich schreie, *
ich rufe zu Gott, dass er mich höre.

3 Am Tag meiner Not suche ich den Herrn, /
des Nachts ist meine Hand unermüdlich ausgestreckt, *
meine Seele lässt sich nicht trösten.

4 Denk ich an Gott, muss ich seufzen, *
sinne ich nach, so verzagt mein Geist.

5 Du hältst wach meine Augen. *
Ich bin verstört und kann nicht reden.

6 Ich denke nach über die Tage von einst, *
über urlängst vergangene Jahre.

7 Ich denke des Nachts an mein Saitenspiel, /
ich sinne nach in meinem Herzen, *
es grübelt mein Geist.

8 Wird der Herr denn auf ewig verstoßen *
und niemals mehr erweisen seine Gunst?

9 Hat seine Liebe für immer ein Ende? *
Ist es aus mit seinem Wort für alle Geschlechter?

10 Hat Gott vergessen, dass er gnädig ist? *
Hat er im Zorn sein Erbarmen verschlossen?

11 Ich sage: »Das ist mein Schmerz, *
dass so anders wurde das Handeln des Höchsten.«

12 Ich denke an die Taten des Herrn, *
gedenken will ich deiner einstigen Wunder!

13 Ich erwäge all deine Werke, *
und über deine Taten sinne ich nach.

14 O Gott, im Heiligen verläuft dein Weg. *
Welche Gottheit ist so groß wie Gott?

15 Du bist die Gottheit, die Wunder tut, *
unter den Völkern tatest du kund deine Macht.

16 Du hast mit deinem Arm dein Volk erlöst, *
die Kinder Jakobs und Josefs.

17 Dich sahen die Wasser, o Gott, /
dich sahen die Wasser und bebten; *
selbst die Urtiefen tobten.

18 Es gossen Wasser die Wolken, /
dröhnend erhob das Gewölk seine Stimme; *
auch deine Pfeile schwirrten umher.

19 Dröhnend rollte dein Donner, /
Blitze erhellten den Erdkreis, *
die Erde wankte und schwankte.

20 Durch das Meer ging dein Weg, /
dein Pfad durch gewaltige Wasser; *
doch deine Spuren wurden nicht erkannt.

21 Du führtest dein Volk wie eine Herde *
durch die Hand von Mose und Aaron.

Psalm 90
Vergänglichkeit

Wie großartig kommt sich der Mensch bisweilen vor! Er erobert den Weltraum, bezwingt die heimtückischsten Krankheiten und erfasst mit hochkomplizierten Geräten den Bau der Atome. Und doch ist er vor Gott ein schwaches, hinfälliges Geschöpf, eine armselige Eintagsfliege. »Alles Fleisch ist wie Gras ...« (Jes 40,6)

Traurige Resignation kann den Menschen befallen, wenn er sein Los, die Nichtigkeit und Vergeblichkeit all seiner Werke betrachtet. In solch bedrückender Erkenntnis hilft nur das »weise Herz« weiter, welches weiß, dass einer da ist, »welcher dieses Fallen unendlich sanft in seinen Händen hält«. (Rilke)

Silvesterabend.
Unsere Jahre enden wie eine Frage,
und unsere Stunden fliegen dahin –
wie kurze, nichtige Gedanken.

Wie ein Geschwätz zerrinnt die Zeit.

Was aber ist diese Zeit, unsere Zeit
vor dir, du Ewiger?
Was unsere Tage, du,
der ohne Tage ist?

Gib uns ein weises Herz,
und gib uns Augen für das Maß
der Zeit.
Augenmaß fürs Zugemessene.

Psalm 90
Ein Bittgebet Moses, des Mannes Gottes.

O Herr, du warst uns Zuflucht *
von Geschlecht zu Geschlecht.

2 Ehe geboren wurden die Berge, /
ehe du kreißen ließest Erde und Festland: *
von Ewigkeit zu Ewigkeit bist du Gott.

3 Zum Staub zurückkehren lässt du den Menschen, *
du sprichst: Ihr Menschenkinder, kehrt zurück!

4 Denn tausend Jahre sind vor dir wie der Tag,
der gestern vergangen ist, *
wie eine Wache in der Nacht.

5 Du schwemmst sie weg, ein Schlaf sind sie, *
sie gleichen dem Gras, das nachwächst am Morgen:

6 am Morgen grünt und wächst es, *
am Abend wird es welk und verdorrt.

7 So schwinden wir hin unter deinem Zorn, *
werden verstört durch deinen Grimm.

8 Unsere Sünden hast du vor dich hingestellt, *
in das Licht deines Angesichts unsre heimliche Schuld.

9 Ja, unter deinem Zorn gehen all unsre Tage dahin. *
Wir verleben unsre Jahre wie ein Seufzen.

10 Siebzig Jahre währt die Zeit unsres Lebens, *
sind wir bei Kräften, werden es achtzig.

Ihr Bestes aber ist nur Mühsal und Beschwer; *
rasch geht es vorbei, – wir fliegen dahin.

11 Wer kennt die Gewalt deines Zornes *
und in Furcht vor dir deinen Grimm?
12 Unsre Tage lehre uns zählen! *
Dann erlangen wir ein weises Herz.

13 HERR, kehre dich uns zu! – Wie lange noch? *
Lass es dir leid sein um deine Knechte!

14 Sättige uns am Morgen mit deiner Huld! *
Dann wollen wir jubeln und uns freun all unsre Tage.

15 Erfreue uns so viele Tage, wie du uns gebeugt hast, *
so viele Jahre, wie wir Unglück sahn.

16 Lass deine Knechte schauen dein Walten *
und ihre Kinder dein herrliches Tun.

17 Die Güte des Herrn, unsres Gottes, komme über uns! /
Lass uns das Werk unsrer Hände gedeihen! *
Ja, lass gedeihen unsrer Hände Werk!

Psalm 92
»Ein Sabbatlied«
(so die hebräische Überschrift)

Jeden Sabbat/Samstagmorgen stimmen wir Mönche diesen Psalm an. Am siebten Schöpfungstag schaut man auf die »Werke seiner Hände« und preist seinen Namen: Gott ist größer als all seine Hasser, als all jene, die im Reden und Handeln die Weisheit und Unergründlichkeit Gottes verleugnen, wegdiskutieren, lächerlich machen.

Er steht weit über ihnen und überlebt all das törichte Geschwätz der Jahrhunderte. Ja er lässt oft auch jene, die ihm anhangen, den Untergang des Verbrechens und das Ende wortreicher Ideologien schauen.

Wie groß sind deine Werke, Herr,
wie tief deine Gedanken.

Gottesdienst ist es,
deinen Gedanken nachzuspüren,
sie nachdenken und nachzeichnen.
Einstein und Planck,
Albertus Magnus.

Nur einen Bruchteil deiner Gedanken
können wir fassen.
Und die Obergescheiten reden von Zufall

Alles nur Zufall,
und Evolution ohne Plan und Ziel.

Die Menschlein werden eine Ewigkeit brauchen
– zum Staunen.

Psalm 92

Ein Psalm. Ein Gesang. Für den Tag des Sabbats.

2 Schön ist es, dem Herrn zu danken, *
deinem Namen zu spielen, du Höchster,

3 am Morgen zu verkünden deine Liebe, *
und deine Treue in den Nächten

4 zur Laute mit zehn Saiten und zur Harfe, *
zum Klingen der Leier.

5 Denn du hast mich froh gemacht, Herr,
durch dein Tun; *
ich will jubeln über die Werke deiner Hände.

6 Wie groß sind deine Werke, o Herr, *
unendlich tief sind deine Gedanken!

7 Ein Mensch ohne Einsicht kann es nicht fassen, *
ein Tor kann es nicht verstehen:

8 Wenn auch die Frevler sprießen wie Gras, /
und alle, die Unrecht tun, in Blüte stehn: *
sie sind bestimmt zum Verderben auf immer.

9 Du aber bist erhaben, *
Herr, du bleibst in Ewigkeit.

10 Doch siehe, deine Feinde, o Herr, /
doch siehe, deine Feinde vergehen; *
zerstreut werden alle, die Unrecht tun.

11 Du hast mich stark gemacht wie einen Wildstier, *
mit frischem Salböl bin ich überschüttet.

12 Mein Auge blickt herab auf meine Verfolger, *
mein Ohr hört, wie es den Bösen ergeht, die gegen mich aufstehn.

13 Der Gerechte sprießt wie die Palme, *
er wächst empor wie die Zedern des Libanon.

14 Die gepflanzt sind im Hause des HERRN, *
sprießen auf in den Höfen unseres Gottes:

15 noch im Alter gedeihen sie, *
sie bleiben voll Saft und Frische,

16 zu verkünden: Gerecht ist der HERR! *
Mein Fels – an ihm ist kein Unrecht.

Psalm 97
Gott offenbart sich auch in der Natur

Für den, der sehen will, spricht die ganze Natur von Gott, dem Schöpfer und Lenker der Dinge. Aus den staunenswerten Naturgesetzen, die Blitz und Donner hervorrufen, erkennt der ehrfürchtige Mensch »wie durch Spiegel und Rätsel« den unergründbaren Geist, der dahintersteht. »Denn alles Vergängliche ist nur ein Gleichnis ...« (Goethe)

Wo aber der »Götzendienst« eines Lebens das Irdische anbetet, da wird das Kunstwerk der Natur farblos und stumm: ein Gegenstand der Manipulation, der nichts mehr von seinem Künstler auszusagen weiß.

»Wenn Religion und Naturwissenschaft ... des Glaubens an Gott bedürfen, so steht die eine am Anfang, die andere am Ende alles Denkens. Der einen bedeutet er das Fundament, der andern die Krone des Aufbaus jeglicher weltanschaulicher Betrachtung.« (Max Planck)

Wer Gottes Wege geht, und wer
nach jener Weisung lebt, die ihm
Herz und Gewissen eingeben,
wer sein inneres Auge frei und rein erhält,
und wer sehen will:
der kann auch sehen!

Gott in allen Dingen,
Gottes Licht aus allen Dingen.

Denn er hat so viel Glanz gegeben,
dass der, der glauben will,
auch glauben kann.

Doch auch so viel Dunkel hat er gelassen, dass der, der diesem Glauben-können sich versagt, auch nicht zum Glauben-müssen gezwungen wird.

Psalm 97

1 Der Herr ist König! Die Erde frohlocke! *
Freuen sollen sich die vielen Inseln!

2 Rings um ihn her sind Wolken und Dunkel, *
Gerechtigkeit und Recht sind seines Thrones Stützen.

3 Feuer läuft vor ihm her, *
ringsum verzehrt es seine Gegner.

4 Seine Blitze erhellen den Erdkreis, *
die Erde sieht es mit Beben.

5 Wie Wachs schmelzen vor dem Herrn die Berge, *
vor dem Antlitz des Herrschers der ganzen Erde.

6 Die Himmel künden seine Gerechtigkeit, *
seine Herrlichkeit schauen alle Völker.

7 Zuschanden werden, die Bildern dienen, /
die ihrer Götzen sich rühmen. *
Vor ihm werfen alle Götter sich nieder.

8 Zion hört es und freut sich, *
Judas Töchter jubeln, Herr, über deine Gerichte.

9 Denn du, o Herr, bist der Höchste
über der ganzen Erde, *
hoch erhaben bist du über alle Götter.

10 Die ihr den HERRN liebt, hasst das Böse! /
Er hütet das Leben seiner Frommen, *
er entreißt sie der Hand der Frevler.

11 Licht ist dem Gerechten ausgesät, *
Freude denen, die geraden Herzens sind.

12 Ihr Gerechten, freut euch des HERRN! *
Preist ihn, gedenkt seines heiligen Namens!

Psalm 98
Die Erlösung aus Babel – Lob und Dank

Nach Jahrzehnten des Wartens durfte Israel wieder in sein Land zurückkehren. »Vor den Augen der Völker« offenbarte Jahwe seine Größe darin, dass er das babylonische Weltreich mit einem Schlag vernichtete und sich seiner Liebe »erinnerte«, die er zu seinem Volk seit Urtagen hatte.

Endlich war die Zeit bangen Fragens vorbei, ob Jahwe sein Volk vergessen habe. Alle Welt sah staunend die Rückkehr der Juden, wo es den Babyloniern doch gelungen war, durch Kriege und Deportationen mächtige Nationen auszulöschen.

Alle Welt soll daher in das Danklied Israels einstimmen! Bis an die Grenzen der Erde sollen »die Ruhmestaten dessen verkündet werden, der euch aus der Finsternis berufen hat in sein wunderbares Licht«. (1 Petr 2,9)

Der Herr hat kundgemacht sein Heil,
enthüllt sein gerechtes Walten.

Zwei Verse, die dasselbe sagen:
sein Heil ist sein gerechtes Tun,
und seine Gerechtigkeit schafft
Heil und Heilung, wo sie wirkt.

Weihnachten: der Heiland der Welt
ist die größte Manifestation
des gerechten Gottes.
Das fleischgewordene Heil kündet
seine schönste Gerechtigkeit

Weil er gerecht ist, deshalb
blieb er seiner Erde treu,
seiner untreuen, ungerechten Erde.
Gerechtigkeit wirkt Heil und Frieden
gegen alle Un-Gerechtigkeit.

Psalm 98
Ein Psalm.

Singet dem Herrn ein neues Lied, *
denn er vollbrachte wunderbare Taten!

Heil geschaffen hat ihm seine Rechte, *
die Kraft seines heiligen Armes.

2 Der Herr hat kundgemacht sein Heil, *
sein gerechtes Walten enthüllt vor den Augen der Völker.

3 Er gedachte seiner Huld *
und seiner Treue zum Hause Israel.

Alle Enden der Erde *
schauen das Heil unseres Gottes.

4 Jauchzet dem Herrn, alle Lande, *
freut euch, jubelt und spielet!

5 Spielt dem Herrn auf der Harfe, *
auf der Harfe, mit lautem Saitenspiel!

6 Mit Trompeten und schallenden Hörnern *
jauchzt vor dem Herrn, dem König.

7 Es brause das Meer und was es erfüllt, *
der Erdkreis und die auf ihm wohnen.

8 In die Hände klatschen sollen die Ströme, *
die Berge sollen miteinander jubeln

9 vor dem Herrn, denn er kommt, *
er kommt, die Erde zu richten.

Er richtet den Erdkreis in Gerechtigkeit *
und die Völker so, wie es recht ist.

Psalm 103
Das Hohelied von Gottes Erbarmen

Gottes Liebe zum Menschen kann nie eingeholt und überboten werden. Nie kann eine Sünde so schwer sein, dass Gottes Liebe dadurch überwunden wird – vorausgesetzt, der Mensch kehrt um und gibt seine Hartnäckigkeit auf, die stets beschönigen und verharmlosen will.

Gottes Liebe ist ein Abgrund, den die Sünden und die Verbrechen der ganzen Welt nicht zu füllen vermögen. Wenn wir noch so tief fallen, seine Hand, die uns auffängt, ist immer noch ein wenig tiefer. »Wenn unser Herz uns verklagt: Gott ist größer als unser Herz. Er weiß alles.« (1 Joh 3,20)

Diese Allwissenheit ist kein schreckliches, sondern ein tröstliches Geheimnis. Und sollte das Leben uns noch so sehr erniedrigen, dass wir in unserem geistlichen Stolz nicht mehr an eine Vergebung glauben möchten, vergessen wir das Wort des hl. Benedikt nicht: »An der Barmherzigkeit Gottes niemals verzweifeln.«

Wie des Adlers neue Jugend ...

Uralter Menschheitstraum
Noch einmal jung sein zu können,
noch einmal die Kraft und Schönheit
von einst zu besitzen,
noch einmal neu beginnen zu können,
und dann: alles anders,
alles besser machen ...
Am Ostermorgen erschien das Leben
und die neu-ewige Jugend
einer in Torheiten gealterten
Magdalena:

Freu dich,
denn aus der Asche deiner Tage
wirst auch du einmal –
Auch du!

Psalm 103
Ein Davidslied.

Lobe den Herrn, meine Seele, *
und alles in mir seinen heiligen Namen!

2 Lobe den Herrn, meine Seele, *
und vergiss nicht, was er dir Gutes getan hat.

3 All deine Schuld vergibt er, *
alle deine Gebrechen heilt er.

4 Aus dem Untergang erlöst er dein Leben, *
er krönt dich mit Erbarmen und Liebe.

5 Er sättigt dein Leben mit Gutem; *
wie dem Adler wird dir die Jugend erneuert.

6 Der Herr vollbringt gerechte Taten, *
allen Unterdrückten schafft er Recht.

7 Dem Mose hat er seine Wege kundgetan, *
den Kindern Israels seine Werke.

8 Der Herr ist barmherzig und gnädig, *
voll Langmut und reich an Liebe.

9 Er wird nicht rechten für immer *
und trägt nicht ewig nach.

10 Er handelt an uns nicht nach unsern Sünden, *
vergilt uns nicht nach unsrer Schuld.

11 Denn so hoch der Himmel über der Erde, *
so machtvoll ist seine Liebe über denen, die ihn fürchten.

12 So weit der Aufgang vom Untergang, *
so weit entfernt er unsre Frevel von uns.

13 Wie sich ein Vater erbarmt seiner Kinder, *
so erbarmt der HERR sich derer, die ihn fürchten.

14 Denn er weiß, woraus wir gebildet sind, *
er denkt daran: Wir sind nur Staub.

15 Der Mensch – wie Gras sind seine Tage, *
wie die Blume des Feldes, so blüht er.

16 Fährt der Wind darüber, ist sie dahin, *
selbst der Ort, wo sie stand, hat sie vergessen.

17 Doch die Liebe des HERRN währt immer und ewig /
über denen, die ihn fürchten. *
Seine Gerechtigkeit erfahren noch Kinder und Enkel,

18 alle, die seinen Bund bewahren, *
die seiner Gebote gedenken und danach handeln.

19 Der HERR hat seinen Thron im Himmel errichtet, *
und seine Königsmacht regiert das All.

20 Lobt den HERRN, ihr seine Boten, /
ihr starken Helden, die sein Wort vollstrecken, *
die ihm gehorchen aufs Wort!

21 Lobt den HERRN, ihr seine Scharen alle, *
ihr Diener, die seinen Willen vollziehn!

22 Lobt den HERRN, ihr seine Werke alle /
an allen Orten seiner Herrschaft! *
Du, meine Seele, lobe den HERRN!

Psalm 109
Gott wandelt Fluch in Segen

Ein Mann, der mit dem Treiben seiner Hasser, mit Verwünschungen und Verleumdungen nicht mehr fertig wird, betet zum Herrn.

Er hat alles versucht: Gebet und Wohltaten, aber man vergilt seine Liebe nur mit Hass! So legt er ihre Worte, die sie gegen ihn richten, vertrauensvoll vor dem Herrn im Tempel nieder: Er »zitiert« (in den Versen 6–19) ihre abscheulichen Flüche vor ihm und bricht ihnen so die Spitze ab. Ihr Gerede wird aus Gottes Gnade wirkungslos: »Du wirst segnen!«

Dieser Segen Gottes hat eine doppelte Wirkung: Während er den Niedergeschlagenen aufrichtet, lässt er das von den Hassern gewünschte Unheil wie einen Bumerang auf ihr eigenes Haupt zurückfallen.

Feindesliebe im Alten Testament?
»Sie befeinden mich, indes ich für sie
bete, und sie vergelten mit Hass
meine Liebe« (Psalm 109).

Feindesliebe, ein erstaunlich Ding
in dieser Welt, kann weit reichen
aus menschlicher Kraft. Doch ist
für jeden einmal »das Maß voll«,
und das Maß der Kraft am Ende …

Jesus allein blieb stark
bis in den Tod. Und schweigend
konnte er noch da verzeihen.
Und nach ihm Stephanus,
und nach ihm … auch ich?

Nur die Gnade ist stärker.
Ihre Kraft ist unbemessen.

Psalm 109
Dem Musikmeister. Ein Davidslied. Ein Psalm.

Gott meines Lobes, schweig doch nicht! *
2 Denn der Mund des Frevlers, ein Lügenmaul,
hat sich gegen mich aufgetan.

Sie reden zu mir mit verlogener Zunge, /
3 sie umgeben mich mit Worten des Hasses *
und bekämpfen mich grundlos.

4 Zum Dank für meine Liebe klagen sie mich an, *
ich aber bete.

5 Sie vergelten mir Gutes mit Bösem, *
mit Hass meine Liebe:

6 »Bestelle wider ihn einen Frevler, *
ein Ankläger trete zu seiner Rechten.

7 Aus dem Gericht gehe er hervor als Schuldiger, *
selbst sein Gebet werde zur Sünde.

8 Nur gering sei die Zahl seiner Tage, *
sein Amt soll ein andrer erhalten.

9 Zu Waisen werden sollen seine Kinder *
und seine Frau zur Witwe.

10 Die Kinder sollen unstet umherziehn und betteln, *
vertrieben aus ihren Trümmern.

11 Ein Wucherer umgarne all seinen Besitz; *
Fremde sollen plündern, was er mühsam erworben.

12 Niemand sei da, der ihm die Liebe erhält, *
und keiner, der seinen Waisen gnädig ist.

13 Seine Nachkommenschaft soll man tilgen, *
schon im folgenden Geschlecht erlösche ihr Name.

14 Der Schuld seiner Väter werde gedacht beim HERRN, *
ungelöscht bleibe die Sünde seiner Mutter.

15 Ihre Vergehen seien dem HERRN immer vor Augen, *
ihr Andenken soll auf Erden getilgt sein.

16 Dachte er doch nie daran, Liebe zu üben: /
er verfolgte den Elenden und den Armen *
und den Verzagten, um ihn zu töten.

17 Er liebte den Fluch – der komme über ihn, *
er verschmähte den Segen – der bleibe ihm ferne.

18 Den Fluch zog er an wie sein Gewand – *
der dringe wie Wasser in seinen Leib, wie Öl in seine
Gebeine!

19 Er werde für ihn zum Kleid, in das er sich hüllt, *
zum Gürtel, mit dem er sich allzeit umgürtet.«

20 So treiben es, die mich im Auftrag des HERRN verklagen *
und die so Böses gegen mich reden.

21 Du aber, HERR, mein Herr, /
handle an mir, wie es deinem Namen entspricht! *
Ja, gut ist deine Liebe. – Befreie mich!

22 Denn ich bin elend und arm, *
mein Herz ist im Innersten getroffen.

23 Ich schwinde dahin wie ein Schatten, wenn er sich neigt, *
wie eine Heuschrecke werde ich abgestreift.

24 Meine Knie wanken vom Fasten, *
mein Leib nimmt ab und wird mager.

25 Und ich wurde für sie zum Spott, *
sie schütteln den Kopf, wenn sie mich sehen.

26 Hilf mir, HERR, mein Gott! *
Rette mich kraft deiner Liebe!

27 Sie sollen erkennen, dass deine Hand es war, *
dass du, o HERR, es getan hast.

28 Mögen sie fluchen – du wirst segnen. /
Zu ihrer eigenen Schande haben sie sich erhoben. *
– Dein Knecht aber darf sich freuen.

29 Meine Ankläger müssen sich bekleiden mit Schmach *
und sich in Schande hüllen wie in einen Mantel.

30 Ich will dem HERRN danken mit lauter Stimme, *
inmitten der Menge will ich ihn loben.

31 Denn er steht zur Rechten des Armen, *
um ihn vor seinen Richtern zu retten.

Psalm 111
Ein Hymnus vom Walten des Herrn

Die Schöpfung der Welt, die Wunder in der Frühzeit Israels, der Bundesschluss und die Erlösung aus Babylon: All das ist für einen »Weisen« Israels Anlass, ein kleines Gedicht zu schreiben, dessen Verse jeweils mit dem nächsten Buchstaben des hebräischen Alphabets beginnen.

Wenn wir diesen Psalm singen, dann sind unsere Gedanken beim Abendmahl des Herrn, der in dieser »Speise« des »Neuen und Ewigen Bundes« ein »Gedächtnis seiner Wunder gestiftet« hat, bei jenem Mahl, das Erinnerung an das »Wunder« des Lebens Jesu ist, Erneuerung des in der Taufe mit ihm geschlossenen Bundes und Erwartung des Offenbarwerdens seiner Herrlichkeit.

Tut dies zu meinem Gedächtnis –
Tut dies, und ich werde bei euch sein,
wie an diesem Abend, so bis ans Ende.

Ich gab euch dieses Mahl nicht,
dass ihr, so essend und trinkend,
meiner nur gedenkt …

Ich gab euch dieses Brot
und diesen Wein und diese Worte,
weil ich bei euch sein will.

Bei euch in diesen Gaben.
Nicht ihr, ich bin der Gedenkende!
Ich, der die Seinen nie verlässt.

Psalm 111
Halleluja!

1 Den HERRN will ich feiern von ganzem Herzen, *
im Kreis der Redlichen, in der Gemeinde.

2 Groß sind die Werke des HERRN, *
bedenkenswert für alle, die sie lieben.

3 Hoheit und Pracht ist sein Walten, *
und seine Gerechtigkeit besteht für immer.

4 Ein Gedächtnis seiner Wunder hat er gestiftet, *
der HERR ist barmherzig und gnädig.

5 Speise gab er denen, die ihn fürchten, *
seines Bundes gedenkt er auf ewig.

6 Die Macht seiner Werke hat er seinem Volke kundgetan, *
um ihm das Erbe der Völker zu geben.

7 Die Werke seiner Hände sind treu und gerecht, *
zuverlässig sind alle seine Gebote.

8 Sie stehen fest für immer und ewig, *
geschaffen in Treue und Redlichkeit.

9 Erlösung hat er seinem Volk gesandt, /
seinen Bund bestimmt auf ewige Zeiten. *
Heilig und furchtgebietend ist sein Name.

10 Die Furcht des HERRN ist der Anfang der Weisheit, /
einsichtig sind alle, die danach handeln. *
Sein Ruhm wird bestehen für immer.

Psalm 112
Der Segen der Gottesfurcht

Ein alphabetisches Lied (wie Psalm 111), das ein »Weiser« in Israel geschrieben hat. Was ist das Schicksal eines Menschen, der nicht in Hochmut dahinlebt und sich über die göttlichen Gebote hinwegsetzt? Eines Menschen also, der in »Ehr-Furcht« vor Gott lebt und sich an seine Weisungen hält? Er hat Erfolg im Leben! Und man gedenkt seiner noch in fernster Zukunft!

Wir wissen, dass Leben, Leiden und Untergang Christi und vieler Heiliger diese großartigen Versprechungen auf ihr wirkliches Maß zurechtgeschnitten haben. Und dennoch behalten sie ihre Gültigkeit, wenn man das Leben in seiner Gesamtheit betrachtet, und dazu gehört auch das Leben in seliger Ewigkeit. Dieses »Heil hat Bestand für immer«.

Im Finstern erstrahlt ein Licht
der Gnädige, Barmherzige, Gerechte.

Drei Namen sind's, die wie ein Licht
dem aufgehen, der sie sucht.
Drei Namen vom Namenlosen:

Gnädig ist der Barmherzig-Gerechte.
Barmherzig ist der Gnädig-Gerechte.
Gerecht ist der Gnädig-Barmherzige.

Seine Gnade: barmherzige Gerechtigkeit.
Sein Erbarmen: gnädige Gerechtigkeit.
Seine Gerechtigkeit: barmherzige Gnade.

Beata Trinitas

Psalm 112
Halleluja!

1 Selig, wer den Herrn fürchtet und ehrt, *
wer sich herzlich freut an seinen Geboten.

2 Seine Nachkommen werden mächtig im Lande, *
Segen ruht auf dem Geschlecht der Redlichen.

3 In seinem Haus ist Wohlstand und Reichtum, *
seine Gerechtigkeit hat Bestand für immer.

4 Den Redlichen erstrahlt im Finstern ein Licht: *
der Gnädige, Barmherzige und Gerechte.

5 Wohl dem, der gnädig ist und gerne ausleiht, *
der das Seine ordnet, wie es recht ist.

6 Ja, er wird nicht wanken in Ewigkeit, *
ewig wird man des Gerechten gedenken.

7 Vor böser Kunde muss er sich nicht fürchten; *
fest ist sein Herz, dem Herrn vertraut es.

8 Sein Herz ist getrost, er fürchtet sich nicht, *
bis er auf seine Bedränger herabsieht.

9 Verschwenderisch gibt er den Armen, /
seine Gerechtigkeit hat Bestand für immer, *
seine Macht ist hoch in Ehren.

10 Der Frevler sieht es voll Unmut, /
er knirscht mit den Zähnen und vergeht. *
Zunichte wird das Begehren der Bösen.

Psalm 115
Die Ehre Gottes: der lebendige Mensch

Dieses Wort stellt der hl. Irenäus von Lyon den Häretikern entgegen, die das Leben verachten und nur das Abgetötete, das Abgestorbene und Überwundene gelten lassen. Da sagt unser Psalm: »Nicht die Toten loben den Herrn ...« Nicht die mit einem »Herzen aus Stein« (Ez 36,26), die eisern Pflichtbewussten, die »Heiligen«, mit denen nur schwer zusammenzuleben ist ...

Es loben vielmehr den Herrn, die da leben! Es loben ihn nicht die seelenlosen, harten Aszetikbücher und ihre moralistischen Konstruktionen, denen alle göttlich-zarte Sensibilität abhanden gekommen ist (kein Wunder, dass da die suchend Ungläubigen fragen: »Wo ist denn ihr Gott?«), sondern es lobt ihn die Gnade, die, jenseits aller psychologischen Tricks, ein menschlich überzeugendes Leben hervorbringt, das allein ein Zeugnis von unserem Gott ablegen kann.

Wo dies aber gelingt, ist äußerste Demut geboten: denn wir tragen dieses menschlich transparente Leben »in zerbrechlichen Gefäßen«. (2 Kor 4,7)

Die Götzen der Völker
Silber und Gold,
Macht und Markt,
Export und Konsum ...

Den Götzen der Völker
gilt alles Lob, aller Preis.
Die Götzen der Völker sind die
Fallstricke der kommenden Zeit.
Und die Götzen der Völker
sterben dahin samt ihren Verehrern.

Der Herr aber thront.
Und selig alle, die ihre Knie
nicht beugten vor Baal!

Psalm 115

1 Nicht uns, o Herr, nicht uns, /
nein, deinem Namen gib Ehre *
um deiner Huld, um deiner Treue willen!

2 Warum sollen die Völker sagen: *
»Ihr Gott – wo ist er?«

3 Unser Gott ist im Himmel. *
Alles, was er will, vollbringt er.

4 Ihre Götzen sind Silber und Gold, *
Machwerk sind sie von Menschenhand.

5 Sie haben einen Mund und reden nicht, *
sie haben Augen und sehen nicht,

6 sie haben Ohren und hören nicht, *
sie haben eine Nase und riechen nicht,

7 ihre Hände, sie tasten nicht, /
ihre Füße, sie gehen nicht, *
nichts bringen sie hervor mit ihrer Kehle.

8 Es werden ihnen gleichen, die sie machen, *
alle, die auf sie vertrauen.

9 Israel, vertrau auf den Herrn! *
Er ist euch Schild und Hilfe.

10 Haus Aaron, vertrau auf den Herrn! *
Er ist euch Schild und Hilfe.

11 Die ihr IHN fürchtet, vertraut auf den HERRN! *
Er ist euch Schild und Hilfe.

12 Der HERR hat unser gedacht, er wird uns segnen: /
segnen wird er das Haus Israel, *
segnen wird er das Haus Aaron,

13 segnen wird er, die IHN fürchten, *
die Kleinen wie die Großen.

14 Der HERR möge euch mehren, *
euch und eure Kinder!

15 Gesegnet seid ihr vom HERRN, *
der Himmel und Erde gemacht hat.

16 Der Himmel ist der Himmel des HERRN, *
die Erde aber gab er den Menschen.

17 Tote können den HERRN nicht mehr loben, *
keiner, der ins Schweigen hinabsteigt.

18 Wir aber, wir preisen den HERRN *
von nun an bis in Ewigkeit!

Halleluja!

Psalm 124
Sein oder Nichtsein. Alles ist Gnade!

In der äußersten Not, als es mit dem jungen Volk Israel auf Leben und Tod ging, als es eingekeilt war zwischen den Wassern des Schilfmeeres und der Streitmacht des Pharao: Da ist jenes Volk seinem Gott begegnet und hat eine »Hilfe« kennen gelernt, die nicht aus den Möglichkeiten irdischer Geschichte und Politik kommt.

Immer wieder hat sich Jahwe als »Rettergott« zu erkennen gegeben und bis zum heutigen Tag ist seine Liebe bei jenem Volk geblieben, das er einmal dem Rachen Ägyptens entrissen hatte.

Wäre nicht der Herr
was wären dann Wir?

Was wären unsere Tage und Jahre,
Was unsere Freude, unser Lachen?
Was unser Planen, unser Werken,
Was unser Leiden und Misslingen?
Was unser Werden und Vergehn?

Was wäre das alles, wenn wir
rein zufällig und ganz ohne Ihn
– nur eben wir als wir –
in diesem Weltall wären?

Was wäre, wenn …

Psalm 124

Ein Wallfahrtsgesang. Ein Davidslied.

Wäre da nicht der Herr gewesen, der uns beistand, *
– so soll Israel sprechen! –

2 wäre da nicht der Herr gewesen, der uns beistand, *
als Menschen sich gegen uns erhoben,

3 dann hätten sie uns lebendig verschlungen, *
als gegen uns ihr Zorn entbrannte;

4 dann hätten die Wasser uns überflutet, *
dann hätte sich über uns ein Wildbach ergossen,

5 dann hätten sich über uns ergossen *
die wilden und wogenden Wasser.

6 Gepriesen sei der Herr! *
Er gab uns ihren Zähnen nicht zur Beute.

7 Wir sind entwichen wie ein Vogel aus dem Netz
des Jägers, *
das Netz ist zerrissen, und wir sind entwischt!

8 Unsere Hilfe ist im Namen des Herrn, *
der Himmel und Erde gemacht hat.

Psalm 126
Vom gekommenen und noch kommenden Heil

Das »Heil« ist da! Was der große Prediger des Exils in immer neuen Bildern verkündet hat (Jes 40–66), ist Wirklichkeit geworden! Es war wie ein Traum, diese Heimkehr nach Zion! Und doch: Das »Heil« ist kein Schlaraffenland, jeder kleine Fortschritt im Wiederaufbau der Heimat musste erkämpft werden. Möge doch schneller sich alles ändern, wie die toten Bachläufe in der südlichen Wüste das Gesicht der Landschaft verändern, wenn ein plötzlicher Wolkenbruch heruntergeht!

Die Ungeduld Israels ist auch unsere Ungeduld, wenn wir Fragen stellen wie: »Was haben wir konkret von der ›Erlösung‹?« und: »Warum beseitigt die Taufe unsere Charakterschwächen nicht?« Oder gar Krankheit, Leid, Tod? Unter Tränen müssen auch wir säen, damit wir einmal unter Jubel ernten können!

Großes hat der Herr an uns getan
und Kleines haben wir daraus gemacht.

Reichlich hat der Herr uns beschenkt –
und gering ist unsere Ernte.

Ein volles Maß ward uns gegeben –
und wir sitzen da und hungern.

Das Heil erreichte uns wie Wasserflut –
und wir lassen es im Sand versickern.

Liegt es, Gott, an dir, dass sich die Welt nicht ändert?

Psalm 126
Ein Wallfahrtsgesang.

Als der Herr das Los der Gefangenschaft Zions wendete, *
da waren wir wie Träumende.

2 Da war unser Mund voll Lachen *
und unsere Zunge voll Jauchzen.

Da sagte man unter den Völkern: *
»Groß hat der Herr an ihnen gehandelt!«

3 Ja, groß hat der Herr an uns gehandelt. *
Da waren wir fröhlich.

4 Wende doch, Herr, unser Geschick, *
wie du die Trockentäler füllst im Südland.

5 Die mit Tränen säen, *
sie werden ernten mit Jauchzen.

6 Sie gehen, sie gehen und weinen *
und tragen den Samen zur Aussaat.

Sie kommen, ja kommen mit Jauchzen *
und tragen ihre Garben.

Psalm 127
An Gottes Segen ist alles gelegen

So und ähnlich lauten die alten Hausinschriften. Wir müssen das unsere tun, um in der Arbeit Erfolg zu haben! Fleiß und Scharfsinn sind nötig! Aber es ist eine Grundversuchung des titanischen Menschen, dass er meint, der Erfolg sei allein seine Sache.

Das Schaffen, das uns Deutsche so sehr adelt, ist umsonst, wenn Gott da nicht mithält. Von heute auf morgen kann alles zerstört sein, kann der Fleiß von Jahren durch eine Inflation, einen Großbrand vernichtet werden. Das Gebet vor und nach der Arbeit hat seinen tiefen Sinn: Alles, auch unser »Können«, ist eine Gabe Gottes.

Ein Kahn hatte zwei Ruder.
Auf dem einen stand zu lesen: »Bete«,
auf dem anderen: »Arbeite«.

Da wollte einer mit diesem Kahn
sein Ziel erreichen, einer, der meinte,
es ginge auch (und leichter)
mit nur einem Ruder.

Aber es ging immer nur –
mit diesem Ruder im Kreis herum ...
Bete und arbeite. Arbeite und bete,
und du wirst dein Ziel erreichen.

Psalm 127

Ein Wallfahrtsgesang. Ein Salomolied.

Baut nicht der Herr das Haus, *
mühn sich umsonst, die daran bauen.

Hütet der Herr nicht die Stadt, *
wacht umsonst, der sie behütet.

2 Umsonst ist es, dass ihr früh euch erhebt /
und spät euch hinsetzt, das Brot der Mühsal zu essen: *
ebenso viel gibt er seinem Geliebten im Schlafe.

3 Seht, ein Erbteil vom Herrn sind Söhne, *
eine Belohnung die Frucht des Leibes.

4 Wie Pfeile in der Hand des Kriegers /
sind Söhne aus der Zeit der Jugend. *

5 Selig der Mann, der mit ihnen den Köcher gefüllt hat!
Sie werden nicht beschämt, *
wenn sie mit ihren Feinden rechten im Tore.

Psalm 130
»Glückselige Schuld« – auch ein Weg zu Gott

»Wo die Sünde sich mehrte, da wurde noch größer die Gnade«, sagt Paulus. (Röm 5,20) Je größer das Dunkel, je tiefer die moralische Not, in die ein Mensch geraten kann, desto herrlicher erglänzt – wie das Morgenrot – das vergebende Erbarmen Gottes.

Die erfahrene Verzeihung, das Glück einer guten Beichte führt in eine noch größere »Ehrfurcht« vor Gott hinein. Dass es gefährlich ist, so etwas zu sagen (»durch die Sünde näher zu Gott«), war sich schon der Apostel bewusst (Siehe Röm 6), aber er verschweigt diese Wahrheit so wenig wie unser Psalm.

Was ist denn besser: Im Versagen die ganze menschliche Erbärmlichkeit zu erfahren und hungrig zu werden nach echter Gottesliebe oder hocherhobenen Hauptes den Pfad der Tugend zu wandeln und so vor lauter Stolz an Gott vorbeizulaufen?

Aus den Trümmern schreien sie
und höhnen den Allmächtigen:

Warum denn, wo du alles kannst?
Warum denn, wo du alles siehst?
Warum denn schaffst du unser Elend
und unsere Fehler nicht aus der Welt?

O, sie schreien mit profunden
Argumenten und schleudern
Bibelworte ihm zu Füßen.

Aus der Höhe schaut der Herr
auf die Trümmer ihres Turms.
Alles zieht die Sünde in die Tiefe,
und selbst die Gnade
geht in diesen Abgrund mit ...

O Gott,
O dies Erbarmen.

Psalm 130
Ein Wallfahrtsgesang.

Aus der Tiefe rufe ich, Herr, zu dir, /
2 höre, o Herr, meine Stimme, *
lass deine Ohren achten auf mein lautes Flehn!

3 Wolltest du, Herr, die Sünden beachten, *
Herr, wer könnte bestehn?

4 Doch bei dir ist Vergebung, *
dass man in Ehrfurcht dir diene.

5 Ich hoffe auf den Herrn, /
es hofft meine Seele, *
ich harre auf sein Wort.

6 Mehr als den Morgen die Wächter *
ersehnt meine Seele den Herrn.

Mehr als den Morgen die Wächter *
7 erwarte Israel den Herrn!

Denn beim Herrn ist die Liebe, *
bei ihm ist Erlösung in Fülle.

8 Ja, er wird Israel erlösen *
von all seinen Sünden.

Psalm 131
»Was nützt es dem Menschen, wenn er die ganze Welt gewinnt?«

Es soll Menschen geben, die nicht eher ruhen und rasten, bis sie ein hohes Amt erlangt haben. Deren ganzer Lebenssinn darin besteht, in einem standartengeschmückten Wagen zu fahren oder die Mitra auf dem Haupte zu tragen ... Und was bleibt ihnen dann?

Nichts als Sorgen und Ärger, von einer Konferenz zur anderen zu jagen, tausend Dinge auf einmal zu erledigen – und so ihre Seele, ihre Ruhe und Gelassenheit in Gott zu verlieren. Arme Menschen, die ausgebrannten Ruinen gleichen, äußerlich geehrt und innerlich verzehrt.

Warum immer stehen
und sich nach oben recken?
Hat Gott den Menschen nicht auch so gebaut,
dass er sitzen kann?

Also denn, meine Seele!
Setz dich hin, ganz einfach –
Und werden still,
ganz still
du flatterhaftes Ding da.

Du willst Ruhe? Gib Ruhe!
Dein Gott lebt ja noch.

Psalm 131

Ein Wallfahrtsgesang. Ein Davidslied.

O Herr, mein Herz überhebt sich nicht, *
und meine Augen erheben sich nicht stolz.

Ich gehe nicht um mit großen Dingen, *
mit Dingen, die mir nicht begreiflich sind.

2 Nein, ich ließ meine Seele ruhig werden und still. /
Wie ein gestilltes Kind bei der Mutter, *
so ist in mir meine Seele gestillt.

3 Israel, harre des Herrn *
von nun an auf ewig.

Psalm 133
Der Wert gemeinschaftlichen Lebens

Nichts in der Welt ist so stark wie eine Gemeinschaft, die trotz allem zusammenhält. Die bei aller menschlichen Schwäche, bei allen Eigenarten und Eigenheiten des Einzelnen dennoch »ein Herz und eine Seele« ist. (Siehe Apg 4,32)

Solch ein Gemeinschaftsleben war seit jeher ein Idealbild für die Menschheit und immer wieder entstanden in der Geschichte der Religionen Gemeinschaften, deren Strahlungskraft im Psalm mit dem Duft eines Parfüms verglichen wird, das überall eine angenehme Atmosphäre schafft, wo es sich ausbreitet.

Das Ganze ist mehr als seine Teile
und eine Summe mehr als ihre Glieder.
Und stärker ist eine Gemeinschaft
als eine Ansammlung von Leuten ...

Ich bin mehr,
wenn die Gemeinschaft mich trägt,
und ich leiste mehr,
wenn es ihrer Kraft entströmt.

Mein Reichtum wächst,
wenn ich teilhabe und
teilhaben lasse –
denn das Ganze und mein Ganzes
ist mehr als die Summe seiner Teile.

Psalm 133

Ein Wallfahrtsgesang. Ein Davidslied.

Seht doch, wie gut es ist und wie schön, *
wenn Brüder beieinander wohnen in Eintracht!

2 Es ist wie köstliches Öl auf dem Haupt, /
das niedertrieft auf den Bart,
den Bart des Aaron, *
das niedertrieft auf den Saum seiner Gewänder.

3 Es ist wie der Tau des Hermon, *
der niedertrieft auf die Höhen des Zion.

Denn dorthin entbietet der Herr den Segen: *
»Leben bis in die Ewigkeit!«

Psalm 136
Eine Litanei auf die Wunder Gottes

Gibt es eigentlich »Wunder« in der Bibel? Soll man zu ihnen stehen oder sie nicht besser »für den heutigen Menschen« (verlegen oder gar unverfroren) weginterpretieren?

Jenseits all dieser Diskussionen steht der staunende Gesang Israels, der sich in 26-maliger Wiederholung nicht genug »wundern« kann über die Großtaten Gottes. Da wird nicht erst verlangt, dass der Schöpfer seine »Naturgesetze« außer Kraft setzt, da ist der tägliche Sonnenaufgang schon ein »Wunder«.

Alles, was der Schöpfer der Welt und der »Erlöser Israels« tut, ist »wunderbar«. Die Frage nach den »Naturgesetzen« sollte da wie für Israel auch für uns zweitrangig sein. Denn unser Glaube hängt nicht an irgendwelchen Wundern, wohl aber wirkt Gott auch in unserem Leben Wunder, wenn wir nur »Glauben haben«. (Vgl. Mk 6,5f)

Danket dem Herrn, denn er ist gut!
Denn seine Wunder formen mein Leben!

Er hat mich erschaffen und erlöst,
denn seine Huld währt ewig.
Er hat mich getauft und gefirmt,
denn seine Huld währt ewig.
Er hat mich geliebt und geführt
bis in diese Stunde,
denn seine Huld währt ewig.
Er hat mich gehalten und immer neu
zu sich zurückgeführt,
denn seine Huld währt ewig.
Er hat mich eingeschrieben
in seine mütterlichen Hände,
denn seine Huld währt ewig.
Er hat ... und er wird ...,
denn seine Huld währt ewig!

Psalm 136

1 Danket dem Herrn, denn er ist gütig! *
denn seine Huld währt ewig!

2 Danket dem Gott der Götter! *
denn seine Huld währt ewig!

3 Danket dem Herrn der Herren! *
denn seine Huld währt ewig!

4 Er allein tut große Wunder: *
denn seine Huld währt ewig!

5 Er machte den Himmel in Weisheit. *
denn seine Huld währt ewig!

6 Er hat die Erde gefestigt über den Wassern. *
denn seine Huld währt ewig!

7 Er machte die großen Leuchten: *
denn seine Huld währt ewig!

8 die Sonne als Herrscher des Tages, *
denn seine Huld währt ewig!

9 als Herrscher der Nacht den Mond und die Sterne. *
denn seine Huld währt ewig!

10 In ihrer Erstgeburt schlug er die Ägypter. *
denn seine Huld währt ewig!

11 Er führte Israel aus ihrer Mitte *
denn seine Huld währt ewig!

12 mit starker Hand und ausgestrecktem Arme. *
denn seine Huld währt ewig!

13 Das Schilfmeer zerschnitt er in Teile. *
denn seine Huld währt ewig!

14 Er ließ Israel mitten hindurchziehn. *
denn seine Huld währt ewig!

15 Er warf den Pharao samt seinem Heer ins Schilfmeer. *
denn seine Huld währt ewig!

16 Er führte sein Volk durch die Wüste. *
denn seine Huld währt ewig!

17 Große Könige hat er geschlagen, *
denn seine Huld währt ewig!

18 mächtige Könige hat er getötet: *
denn seine Huld währt ewig!

19 Sihon, den König der Amoriter, *
denn seine Huld währt ewig!

20 Og, den König von Baschan. *
denn seine Huld währt ewig!

21 Er gab ihr Land zum Erbe, *
denn seine Huld währt ewig!

22 Israel, seinem Knecht, zum Erbe. *
denn seine Huld währt ewig!

23 Er gedachte unser in unsrer Erniedrigung. *
denn seine Huld währt ewig!

24 Er entriss uns unseren Feinden. *
denn seine Huld währt ewig!

25 Nahrung gibt er allen Geschöpfen. *
denn seine Huld währt ewig!

26 Danket dem Gott des Himmels! *
denn seine Huld währt ewig!

Psalm 138
»Daniels Gebet«

»In seinem Obergemach hatte Daniel offene Fenster in der Richtung nach Jerusalem. Dreimal täglich warf er sich auf die Knie, betete zu seinem Gott und pries ihn, ganz wie er es bisher zu tun gewohnt war.« (Dan 6,11) Angesichts der Götter, die Babel zur glänzenden Weltstadt werden ließen, war es schwer, noch zu einem Gott zu beten, dessen Tempel in Trümmern lag.

Da über die »Schwachheit Gottes« nicht zu stolpern und den Glauben zu verlieren! Wie leicht wäre es für einen Menschen wie Daniel gewesen, der hoher babylonischer Beamter war, vom Glauben seiner Väter zu lassen und dem in Ansehen stehenden Staatskult sich anzuschließen, die Hand auszustrecken und »Heil« zu rufen ... »Anpassung« eben an die moderne Zeit, die das Hergebrachte lächerlich macht und als überholt hinstellt.

Es ist Größe, mit Daniel zur Minderheit zu zählen, statt sich vom allgemeinen Strom treiben zu lassen.

Gottes Paradoxon

Der Erhabene sieht nur das Niedrige,
der Hohe erkennt nur das Kleine.

Was stolz sich ihm entgegenreckt,
ist so winzig vor ihm,
dass er's fast übersieht ...
Am Kreuz wurde der Starke schwach,
und seine Ohnmacht erhob sich –
aus einem versiegelten Grab.
Er, der ganz Andere.

Psalm 138
Ein Davidslied.

Ich will dir danken, Herr, aus ganzem Herzen, *
vor den Engeln will ich dir singen und spielen.

2 Ich will mich niederwerfen zu deinem heiligen
Tempel hin, /
will deinen Namen feiern *
um deiner Liebe willen und deiner Treue.

Denn deine Verheißung hast du groß gemacht *
aufgrund deines herrlichen Namens.

3 Am Tag, da ich rief, gabst du mir Antwort, *
du hast mir in der Seele Kraft geweckt.

4 Danken sollen dir, Herr, alle Herrscher der Erde, *
wenn sie die Worte deines Mundes vernehmen.

5 Sie sollen singen auf den Wegen des Herrn: *
»Die Herrlichkeit des Herrn ist gewaltig.«

6 Ja, der Herr ist erhaben, /
doch er schaut auf den Niedrigen, *
den Stolzen erkennt er von ferne.

7 Muss ich auch gehen inmitten der Drangsal, *
du erhältst mich am Leben trotz der Wut meiner Feinde.

Du streckst deine Hand aus, *
ja, deine Rechte hilft mir.

8 Der Herr wird meine Sache führen. /
Herr, deine Liebe währt ewig! *
Lass nicht ab vom Werk deiner Hände.

Psalm 139
Gottes Allgegenwart, Gottes Allwissenheit

»Das Staunen ist der Anfang der Weisheit«, sagt Aristoteles. Es ist auch der Anfang der »Gottesfurcht«. Wer einmal ganz tief begriffen hat, wie Gott anwesend ist in jeder Sekunde seines Lebens, in jeder Handlung, in jedem Erlebnis – der kann nur noch staunen und danken.

Gott ist nicht in einem fernen Himmel, er ist überall, außer uns und in uns. Wer dies erkannt hat, führt von Stund an ein anderes Leben. Und: Je größer die Nähe zu Gottes Heiligkeit erfahren und gelebt wird, desto größer wird auch der »Hass« (und zwar ein eindeutiger und kompromissloser) gegen alles Gottwidrige.

Da wird man dann sogar Gott bitten können, jeden Winkel des Herzens auszuleuchten, damit das Leben nicht mehr einem selbst gehöre, sondern einzig dem, in dessen Hand es ruht.

Dass ich so wunderbar gestaltet bin,
ein Menschenkind, ein Kunstwerk,
in Millionen Jahren aus Mutter Erde gebildet.

Und da reden sie
von »Zufall« ...

Ich will sie nicht widerhassen,
die wortreichen Toren. Ich darfs nicht.
Sie sind doch auch deine Geschöpfe,
und ihr Gehirn ist auch dein Gebilde!

Aber ihre Gespinste,
ihre traurigen Theorien
die sind mir verhasst, und zuinnerst
fremd!

Psalm 139
Dem Musikmeister. Ein Davidslied. Ein Psalm.

Herr, du erforschst und du kennst mich, /
2 ob ich sitze oder stehe, du weißt es. *
Meine Gedanken durchschaust du von ferne.

3 Ob ich gehe oder ruhe – du ermisst es, *
du bist vertraut mit all meinen Wegen.

4 Mir kommt kein Wort auf die Zunge, *
das du, o Herr, nicht schon wüsstest.

5 Von hinten und von vorne hältst du mich umfangen, *
du legtest deine Hand auf mich.

6 Zu wunderbar für mich ist solches Wissen, *
zu hoch – ich kann es nicht erfassen.

7 Wohin soll ich gehen vor deinem Geist, *
wohin vor deinem Antlitz fliehen?

8 Stieg ich empor zum Himmel – du bist dort, *
und legte ich mich nieder in der Unterwelt – du bist zugegen.

9 Nähm ich der Morgenröte Flügel *
und ließe mich nieder am Ende des Meeres

10 auch dort führt mich deine Hand, *
und deine Rechte hält mich.

11 Und sagte ich: »Die Finsternis soll mich verschlingen, *
wie sonst das Licht soll mich die Nacht umgeben!«

12 vor dir ist auch die Finsternis nicht finster: /
die Nacht strahlt wie der Tag, *
wie das Licht ist die Finsternis.

13 Du hast mein Innerstes gebildet, *
hast mich gewoben im Schoß meiner Mutter.

14 Ich danke dir, dass ich so staunenswert und wundersam
gemacht bin. *
Ja, das weiß ich: Wunderbar sind deine Werke!

15 Dir waren meine Glieder nicht verborgen, /
als ich gestaltet wurde im Geheimen, *
kunstvoll gewirkt in den Tiefen der Erde.

16 Deine Augen sahen, wie ich entstand, *
in deinem Buch war schon alles verzeichnet.

Meine Tage waren schon gebildet, *
als noch keiner von ihnen da war.

17 Wie hoch, o Gott, sind mir deine Gedanken, *
wie gewaltig ist ihre Fülle!

18 Wollt ich sie zählen, /
es wären mehr als die Körner im Sand! *
Ich erwache: und immer noch bin ich bei dir.

19 O Gott, vernichte doch den Frevler! *
Ihr blutgierigen Menschen, lasst ab von mir!

20 Sie reden gegen dich voll Arglist. *
Im Wahn erheben sich deine Gegner.

21 Sollten mir nicht verhasst sein, o HERR, die dich hassen? *
Ein Gräuel sind mir, die sich gegen dich empören!

22 Ganz und gar lehne ich sie ab! *
Mir selber wurden sie zu Feinden!

23 Erforsche mich, Gott, und erkenne mein Herz, *
prüfe mich, wisse um meine Gedanken!

24 Schau her, ob ich auf einem Weg bin, der dich kränkt, *
und führe mich auf dem Weg der Ewigkeit!

Psalm 141
Die Stunde der Versuchung

Ein Mensch erhebt seine Hände zu Gott, nicht weil das Stundengebet es verlangt, sondern weil er in der Not seines Herzens nicht mehr ein noch aus weiß. Die Versuchung ist für ihn keine Theorie mehr:

Sie greift nach seiner Seele und droht ihn zu ersticken. Er sieht die Fallen, die Schlingen und Minen, die man ihm gelegt hat. Mag er sich noch so beherrschen (»eine Wehr vor das Tor meiner Lippen«), wenn Gott ihn jetzt nicht hält (und seine Mitmenschen ihn nicht mit sanfter Gewalt zurechtweisen würden), würde er dem Sog des Bösen verfallen.

Dieser Psalm veranschaulicht die letzte Vaterunserbitte, die um die Schwäche und Haltlosigkeit des menschlichen Herzens weiß.

Wie Weihrauch steige auf mein Gebet

Was ist mein Beten vor dir, Herr?
Was ist dies in mir, und aus mir,
dies, was da »Beten« heißt?

Dies köstlich Ding in mir,
das tausend Definitionen
niemals ganz umgreifen?

Vielleicht:
Brandung, letzter Wellenschlag
am Ufer, das ich bin,
Wellenschlag aus dem Ozean,
der Du bist.

Psalm 141
Ein Davidspsalm.

O Herr, ich rufe zu dir, *
eile mir zu Hilfe!

Höre doch meine Stimme, *
wenn ich zu dir rufe!

2 Als Rauchopfer gelte mein Beten vor dir, *
als Abendopfer gelte meiner Hände Erheben!

3 Herr, stelle vor meinen Mund eine Wache, *
behüte das Tor meiner Lippen.

4 Neige mein Herz nicht zu Bösem, *
damit ich nicht gottlose Taten vollbringe

zusammen mit Menschen, die Unheil stiften. *
Ihre Leckerbissen will ich nicht kosten.

5 Der Gerechte mag mich schlagen – es ist Liebe, /
er mag mich züchtigen – es ist Salböl; *
mein Haupt wird sich nicht dagegen sträuben.

Ja mehr noch, für die Frevler bete ich *
trotz ihrer Bosheit.

6 Fallen sie in die Hände des Felsen, der ihr Richter ist, *
dann werden sie erkennen: Meine Worte waren freundlich.

7 Wie beim Aufwühlen und Pflügen der Erde, /
(wenn man die Steine an den Rand des Ackers wirft,) *
so sind unsere Knochen hingestreut an den Rand
der Totenwelt.

8 Doch meine Augen richten sich auf dich, /
Herr, mein Gebieter, *
bei dir berge ich mich, gieße nicht aus mein Leben.

9 Vor der Falle, die sie mir stellen, bewahre mich, *
vor den Schlingen derer, die Unheil stiften.

10 In ihre Netze werden die Frevler fallen; *
ich aber werde entkommen.

Psalm 145
Der Hymnus, der am Ende der Zeiten gesungen wird

Der Dichter, der dieses Lied als eines der jüngsten des Psalters geschaffen hat (wohl im 3. Jahrhundert v. Chr.), stellt darin die Hauptgedanken zum Königtum Jahwes zusammen, wie sie sich in den vorhergehenden älteren Psalmen finden.

Nach Offenbarung 15,3 nehmen die Sieger des Lebenskampfes das »Lied des Lammes« auf, wenn sie auf die Geschichte zurückblicken: »Der Herr ist treu in all seinen Worten, voll Huld in all seinen Werken«.

Dann nämlich wird das Königtum Gottes vor aller Welt errichtet, wenn seine Hasser und Verächter untergehen und alles »Diskutieren« in seinem endgültigen Wort verstummen wird.

Er tut den Willen derer,
die ihn lieben.

Wie das?
Du richtest deinen Willen
aus nach denen,
die dich von Herzen lieben?
Und deiner Vorsehung ewigen Plan
lässt du bestimmen von deinen Heiligen?
Willst auch du jeden Wunsch ablesen
von den Augen deiner Geliebten?

Ja, mein Kind. Wenn du ohne Zittern
beten kannst, dass mein Wille
geschehe, wie auch immer er geschieht –
dann werde auch ich dir deinen Willen
lassen, denn:

Was trennt uns beide noch?

Psalm 145
Ein Lobgesang. Ein Davidslied.

Ich will dich erheben, mein Gott und König, *
und deinen Namen preisen immer und ewig.

2 Tag um Tag will ich dich preisen, *
deinen Namen loben immer und ewig:

3 Groß ist der Herr und hoch zu loben, *
unerforschlich ist seine Größe.

4 Ein Geschlecht rühme dem andern deine Werke, *
sie sollen künden deine gewaltigen Taten.

5 Vom herrlichen Glanz deiner Hoheit will ich reden *
und von den Werken deiner Wunder singen.

6 Von der Macht deiner erschreckenden Taten
sollen sie sprechen. *
Von deiner Größe will ich erzählen.

7 Sie sollen das Gedächtnis deiner großen Güte jubeln, *
frohlocken über dein gerechtes Walten.

8 Der Herr ist gnädig und barmherzig, *
voll Langmut und reich an Liebe.

9 Der Herr ist gut gegen alle, *
sein Erbarmen waltet über all seinen Werken.

10 Danken sollen dir, Herr, all deine Werke, *
deine Frommen sollen dich preisen.

11 Von der Herrlichkeit deines Königreichs
sollen sie sprechen, *
sollen reden von deiner Stärke,

12 den Menschen zu verkünden deine machtvollen Taten *
und den Glanz deines herrlichen Reiches.

13 Dein Reich ist ein Reich für ewige Zeiten, *
deine Herrschaft währt durch alle Geschlechter.

Der HERR ist verlässlich in all seinen Worten, *
huldvoll in all seinen Werken.

14 Der HERR stützt alle, die fallen, *
er richtet alle auf, die gebeugt sind.

15 Allen, deren Augen auf dich warten, *
gibst du zur rechten Zeit ihre Speise.

16 Du tust deine Hand auf *
und sättigst alles, was lebt, nach Gefallen.

17 Gerecht ist der HERR auf all seinen Wegen, *
huldvoll in all seinen Werken.

18 Der HERR ist allen, die ihn rufen, nahe, *
allen, die zu ihm aufrichtig rufen.

19 Er handelt denen zu Gefallen, die ihn fürchten, *
er hört ihr Schreien und rettet sie.

20 Der HERR behütet alle, die ihn lieben, *
doch er vernichtet alle Frevler.

21 Mein Mund verkünde das Lob des HERRN! /
Alles Fleisch preise seinen heiligen Namen *
auf immer und ewig!

Psalm 146
»Euer Vater im Himmel ... «

Mit dem »Lobe den Herren«, dem uralten Halleluja, beginnt das Schlusswort des Psalters, das »Hallel« (Ps 146–150), mit dem auch im Stundengebet der Synagoge die morgendliche Hore ausklingt.

Es ergeht dem Sänger, wenn er all die Gedanken des Psalters zusammenfasst, wie dem weisen Sirach, der am Ende seines Nachdenkens nur noch sagen konnte: »So sei der Schluss der Rede: Er ist einfach alles! Wir können nur noch preisen, aber nicht ergründen ...« (Sir 43,27f)

Der Mensch ist Staub und Asche, Gott aber ist der ewig Bleibende und Liebende. Er, der die Pracht von Himmel, Erde und Meer geschaffen hat, ist es auch, der die Wunder seiner acht Barmherzigkeiten vollbringt: Das Niedergetretene wieder aufrichten und den Vernichter vernichten.

Recht den Unterdrückten
Brot den Hungernden
Freiheit den Gefangenen
Licht den Blinden
Schutz den Fremden
Hilfe den Witwen und Waisen
Liebe den Gerechten
Widerstand den Verbrechern –

Programm einer menschlichen,
göttlichen Welt.

Psalm 146

1 Halleluja!
Lobe den Herrn, meine Seele!

2 Loben will ich den Herrn, solange ich lebe, *
will singen meinem Gott, solange ich da bin.

3 Verlasst euch nicht auf Fürsten, *
auf einen Menschen, der nicht retten kann.

4 Entflieht sein Atem, kehrt er zurück zur Erde, *
an jenem Tage ist es aus mit seinen Plänen.

5 Selig, wer Jakobs Gott zum Helfer hat, *
wer seine Hoffnung auf den Herrn, seinen Gott, setzt.

6 Er hat Himmel und Erde geschaffen, /
das Meer und alles, was darin lebt; *
er hält die Treue auf ewig:

7 Recht schafft er den Unterdrückten, /
den Hungernden gibt er Brot; *
der Herr befreit die Gefangenen.

8 Der Herr öffnet die Augen der Blinden, /
der Herr richtet auf die Gebeugten, *
der Herr liebt die Gerechten.

9 Der Herr beschützt die Fremden, /
die Waisen und Witwen stützt er, *
doch den Weg der Frevler lenkt er in die Irre.

10 König ist der Herr auf ewig, *
dein Gott, o Zion, durch alle Geschlechter.

Halleluja!

Psalm 148
Der Sonnengesang des Alten Bundes

In zweimal sieben Versen ruft der Sänger die himmlische und irdische Welt auf, ihren Schöpfer zu preisen. (Vgl. Sir 42,15–43,33) Der ganze Kosmos soll in einer einzigartigen Symphonie in das Halleluja des Menschen einstimmen.

Nicht einmal der Wurm im Boden darf stumm bleiben angesichts der Herrlichkeit des geheimnisvoll gegenwärtigen Gottes. Alles preist und verherrlicht seinen Schöpfer. Einer Welt, die nicht leicht bereit ist, Gott zu verherrlichen (das heißt als »Herrn« anerkennen), muss dieser Psalm immer neu zurufen: Lobe ihn, die ihr die Natur erkennt und erforscht. Preist darin seine Größe!

Preist ihn, der euch aus dem Nichts ins Dasein rief.
Preist ihn, der euch über dem Nichts im Dasein erhält.

Preist ihn, was ist und was war
und was kommen wird.

Preist ihn, ihr Milliarden Jahre,
ihr Atome des Kosmos.

Preist ihn, ihr Gedanken der Forscher
und ihr Gebilde der Künstler.

Preist ihn, ihr Gesetze der Natur,
und alles Gute und Frohe,
das täglich geschieht.

Ja, lobet und preiset euren Gott,
in dieser Stunde und aller Ewigkeit!
Amen.

Psalm 148

1 Halleluja!

Lobet den Herrn vom Himmel her, *
lobt ihn in den Höhen:

2 lobt ihn, all seine Engel, *
lobt ihn, all seine Scharen,

3 lobt ihn, Sonne und Mond, *
lobt ihn, all ihr leuchtenden Sterne,

4 lobt ihn, ihr Himmel der Himmel *
und ihr Wasser über dem Himmel!

5 Sie sollen loben den Namen des Herrn! *
Denn er gebot, und sie waren erschaffen.

6 Er stellte sie hin für immer und ewig, *
gab ein Gesetz, und nie vergeht es.

7 Lobet den Herrn von der Erde her: *
ihr Ungeheuer und all ihr Tiefen,

8 Feuer und Hagel, Schnee und Nebel, *
du Sturmwind, der seinen Willen ausführt,

9 ihr Berge und all ihr Hügel, *
ihr Fruchtbäume und alle Zedern,

10 ihr wilden Tiere und alles Vieh, *
kriechende Wesen und gefiederte Vögel,

11 ihr Könige der Erde und alle Völker, *
ihr Fürsten und alle Richter der Erde,

12 ihr jungen Männer und auch ihr Mädchen, *
ihr Alten mit den Jungen!

13 Sie sollen loben den Namen des HERRN! /
Denn sein Name allein ist erhaben. *
Seine Hoheit strahlt über Erde und Himmel.

14 Die Kraft seines Volkes hat er erhoben /
zum Lob für all seine Frommen, *
für Israels Kinder, das Volk, das ihm nahe ist.

Halleluja!

Psalm 150
Das letzte Wort

In einem zehnmaligen Halleluja wird Israel aufgefordert, mit allem denkbaren Jubel seinen Gott zu preisen – und kein Instrument, das der Mensch erfunden hat, wird dabei ausgeschlossen: Posaune und Schlagzeug, Zither und Flöte –, alles stimmt in das Gotteslob ein. Auch Rhythmus und Tanz verherrlichen ihn. Seine ganze Schöpfung, »alles, was Atem hat«, singt das Lied seiner Allmacht.

Das letzte Wort des Psalters ist auch das letzte Wort der Weltgeschichte: Halleluja. Es lautet so, weil in diesem Punkt der beginnenden Ewigkeit die wirren Linien von Sinn und Unsinn aller Geschichte zusammenlaufen und ihre abschließende Deutung erfahren. Dann wird staunend jenes Wort aufklingen, das eine Ewigkeit erfüllen wird: Hallelu-ja: »Preiset den Herrn!«.

Hallelu! Preiset!
Halleluja! Preiset den Herrn!

Lasst es hallen von Ende zu Ende!
Lasst es hallen in den Weiten der Räume!
Lasst es hallen in den Zonen der Zeit!
Lasst es hallen in allem, was spricht!
Lasst es hallen in allem, was klagt!
Lasst es hallen in allem, was schweigt!

Ja, lasst es widerhallen in aller Welt:
Hallelu! Ja, Hallelu!

Halleluja! Amen.

Psalm 150

1 Halleluja!

Lobt Gott in seinem Heiligtum, *
lobt ihn in seiner mächtigen Feste!

2 Lobt ihn ob seiner gewaltigen Taten, *
lobt ihn in der Fülle seiner Hoheit!

3 Lobt ihn mit dem Schall der Posaunen, *
lobt ihn mit Harfe und Leier!

4 Lobt ihn mit Pauke und Reigen, *
lobt ihn mit Flöten und Saitenspiel!

5 Lobt ihn mit hellen Zimbeln, /
lobt ihn mit schmetternden Zimbeln! *
Alles, was Atem hat, lobe den Herren!

Halleluja!

Anmerkungen

1 Vgl. hierzu das Nachwort von D. Sölle in: E. Cardenal, Zerschneide den Stacheldraht. Südamerikanische Psalmen, Wuppertal 1968, S. 64–67.

2 Füglister, Das Psalmengebet, S. 52f.

3 Ebd., S. 127f.

4 Um nur ein Beispiel zu nennen: Der im Psalter oft wiederkehrende Begriff »Tod« braucht nicht auf jene Bedeutung festgenagelt zu werden, den die Verfasser dieser Texte dachten (und auch nur so denken konnten). Die »Toten« sind in ihrem Denken jene, die in die Unterwelt hinabfuhren und dort nur noch ein trauriges Schattendasein zu fristen haben. Durch Christus ist diese Sicht korrigiert, aber nicht völlig aufgehoben. Denn der Zweite Tod (Offb 20,12–15) droht noch immer jenen, die sich Gott für eine Ewigkeit versagen, die sich ein Leben lang einigeln in ihre Stummheit vor ihm und die für immer ihr trotziges Schweigen durchhalten. Dann aber können die Psalmtexte durchaus auch von jenen »Toten« verstanden werden, »die da sind und doch nicht leben«. Die zwar existieren, lustig und produktiv, und dennoch kalt sind vor ihm, kalt wie Leichen. Oder: Menschen, deren Herz erstarrt ist unter der Last der Todsünde. Ihnen gelten die Worte des Psalters als Fürbitten, wie sie auch der Dank jener sind, die ein lebendiges Leben vor Gott leben.

5 Hier wiedergegeben nach dem hebräischen Text: »bejadcha ‚ittotaj«. Die Münsterschwarzacher Übersetzung (2003) fügt noch ein Verbum ein: »In deiner Hand ist mein Geschick.«

6 Füglister, Das Psalmengebet, S. 140f. Der Psalmenkommentar des hl. Augustinus nennt sich »enarrationes«, nicht »exegesis«. Er will die Psalmen eben weniger auslegen als vielmehr mittels ihrer christlichen Glaubenswahrheiten illustrieren. Ein weiteres Beispiel hierfür sei Psalm 7,13: »Wenn ihr euch nicht bekehrt, wird er sein Schwert zücken.« Der Gottmensch selbst kann als das zweischneidige Schwert Gottes verstanden werden oder als die Lanze, die er bei seiner ersten Ankunft nicht geschwungen, sondern gleichsam in der Scheide seiner Menschheit verborgen hat. Dann aber wird er

sie schwingen, wenn er bei seiner zweiten Ankunft im unverhüllten Glanz seiner Herrlichkeit kommen wird, zu richten die Lebendigen und die Toten; dann wird er den Gerechten als mildes Licht, den Gottlosen aber als vernichtender Blitz leuchten.

[7] Vgl. hierzu die Anthologie: La Tradition médite le Psautier chrétien, 2 Bände, Edition Tequi (1973/1974).

[8] Wer die alttestamentlichen Zitate im NT unter dem Aspekt einer logisch-strengen Beweiskraft betrachtet, wird die Urkirche nicht verstehen und sich von dieser Art »Theologie« abwenden. Ihre Zitation will indes weniger beweisen als vielmehr hinweisen, aufweisen. Kann es verwundern, dass sie unter dem übermächtigen Eindruck ihres Christuserlebnisses das AT »mit anderen Augen« zu lesen begann (vgl. Lk 24,31 und 32,45) – nämlich auf den im vorliegenden Buch beschriebenen drei Ebenen: Wortsinn (zum Beispiel Röm 15,9–11), Vollsinn (zum Beispiel Apg 2,24–32; dort heißt es in Vers 32: »Diesen Jesus hat Gott auferweckt – dafür sind wir alle Zeugen.« Das ist das Primäre und Ausschlaggebende, das das Zitat Psalm 16,8–11 erfüllt, nicht das Wort »Davids« [Vers 25a]) und Spielsinn (zum Beispiel Gal 4,21–31; in Vers 24f spielt Paulus mit einer Volksetymologie: »hagar« bedeutet im Arabischen »Fels«).

[9] C. Bernard, zit. bei Schmidt: Wie betet der heutige Mensch? Dokumente und Analysen, Einsiedeln u. a. 1972, S. 66.

[10] E. Cardenal, zit. ebd., S. 69f.

[11] Die Einheitsübersetzung (1974) überschreibt diesen Psalm: »Falschheit der Menschen – Treue Gottes«. Eine exakte Inhaltsangabe zwar, die aber in ihrer Blässe nicht gerade anregend wirkt. Dies gilt auch von etlichen Antiphonen der Breviere, die nicht immer die markanteste Stelle eines Psalms zum Leitgedanken machen.

[12] Zitat aus AKES Nr. 4. Solche Stellen sind zum Beispiel: Psalm 35,4–8; die den Text zerreißende Glosse Psalm 35,13c (»Nun kehre mein Gebet zurück in meine Brust«); ferner Psalm 69,28f; 79,12; 137,7–9. Psalm 109 (vgl. Anm. 3) könnte indes, gemäß den Ergebnissen der Textkritik, durchaus beibehalten werden, wenn man Vers 20 (mit LXX, Vulg. u. a., gegen M) übersetzt: »Dies ist das

Treiben derer, die mich verklagen vor dem Herrn, und derer, die Böses wider mich reden.« Ihr böses Reden sind die als Zitat zu kennzeichnenden Verse 6–19. Vgl. hierzu P. Hugger: »Das sei meiner Ankläger Lohn ...?« – Zur Deutung von Psalm 109,20; Bibel und Leben 14 (1973), S. 105–112.

13 Die Psalmodie, der Psalmengesang, sollte vor allem die mit mancherlei Unchristlichem (Gnosis!) durchsetzte Hymnodie, die aus freien Paraphrasen von Bibeltexten bestehenden Hymnen, verdrängen. Das inspirierte Wort der Psalmen erschien den Vätern theologisch »sicherer«. Dass sie dadurch aber vom Regen in die Traufe geraten sollten, blieb zu entdecken dem 20. Jahrhundert vorbehalten. Vgl. hierzu A. Dohmes, Der Psalmengesang des Volkes in der eucharistischen Opferfeier der christlichen Frühzeit, Liturgisches Leben 5 (1938), S. 128ff.

Literatur

Füglister, Notker. Das Psalmengebet. Einführung in das Psalmengebet, Münsterschwarzach ^{2}1997.

Münsterschwarzacher Psalter, Münsterschwarzach 2003.

Stier, Fridolin. Mit Psalmen beten (Hrsg. v. Eleonore Beck), Stuttgart 2001.

Zenger, Erich. Psalmen. 4 Bände, Freiburg 2003.